RAUS & LOS

ERLEBNISWANDERUNGEN
—— FÜR FAMILIEN ——

belser

ERLEBNISWANDERUNGEN
· FÜR FAMILIEN ·

STUTTGART
UND REGION

belser

Susanne Zabel-Lehrkamp

ERLEBNISPFADE

EINFÜHRUNG

Könnt ihr euch daran erinnern, wann ihr das letzte Mal ein richtiges Abenteuer erlebt habt? Vielleicht seid ihr durch eine matschige Schlucht gewandert, über rutschige Baumstämme balanciert oder habt in einem Wasserfall geduscht? Erschöpft und glücklich von der bewältigten Herausforderung habt ihr eine Weile im weichen Moos gerastet und entspannt die vorüberziehenden Wolken am Himmel betrachtet. Der Duft des feuchten Waldbodens zog in eure Nasen. Dabei lauschtet ihr dem Rauschen der Blätter im Wind, dem leisen Plätschern des Baches und dem Zwitschern der Vögel, die in den Baumkronen sitzen. Herrlich, nicht wahr?
Meine schönsten Kindheitserinnerungen sammelte ich gemeinsam mit meiner Familie im Wald: Wandern, Lagerfeuer, Stockbrot, Staudämme bauen, Barfußwanderungen, … Danke Papa, danke Mama!

Genau das ist der Schatz, den wir auch unseren Kindern weitergeben möchten. Denn von diesen Abenteuern zehren wir ein Leben lang. Sie machen uns stark, verwurzeln uns in der Natur und entschleunigen uns vom oft straff organisierten Alltag
Lasst auch ihr euch vom Abenteuer Natur anstecken und verbringt eine unvergessliche Familienzeit! Worauf wartet ihr? Los geht's, ab in den Wald!
Lasst euch begeistern! Viel Spaß mit eurer Familie und euren Freunden!

Eure Susanne Zabel-Lehrkamp

WANDER-
TOUREN

EHMETSKLINGE UND WASSERWELT

Strandfeeling und Wanderglück

Im Naturpark Stromberg-Heuchelberg erlebt ihr doppeltes Badevergnügen und dreifaches Wissenserlebnis rund um die heimische Tier-, Pflanzen- und Wasserwelt.

6,8 km

Wanderparkplatz Ehmetsklinge 1, Zaberfeld

Wanderdreiklang ZA 2

von Stuttgart aus über die B 10 zu erreichen

Einkehrmöglichkeit am Katzenbachsee und am Stausee Ehmetsklinge

Vom Wanderparkplatz aus erreicht ihr das Naturparkzentrum und den Stausee in wenigen Minuten. Unsere Wanderung endet wieder hier, sodass ihr euch diese beiden Höhepunkte für den Schluss aufheben könnt. Badesachen solltet ihr jedoch bereits mit auf eure Wanderung nehmen, da ihr etwa auf der Hälfte der Strecke im Katzenbachsee abtauchen könnt. Der Weg führt über Wiesen und Felder, daher ist es ratsam, ausreichend Wasser mitzunehmen und an den Sonnenschutz zu denken.

Die circa sieben Kilometer lange Rundwanderung führt euch auf dem Wanderweg ZA 2 zunächst rechts um den großen Stausee, vorbei an Weinbergen und Feldern.

Entdeckt die vielseitige Natur des Naturparks Stromberg-Heuchelberg, denn entlang von saftigen Wiesen, Weinbergen und Streuobstwiesen gibt es viel zu bestaunen. Nach circa vier Kilometern gelangt ihr zu einem kleinen Wäldchen, in welchem ihr eine kurze, abenteuerliche Naturpfadstrecke hinab durch die Bäume nehmt. Unten angekommen, erblickt ihr auch schon den romantischen Katzenbachsee. Bitte beachtet, dass euer Weg direkt zum FKK-Gelände führt.

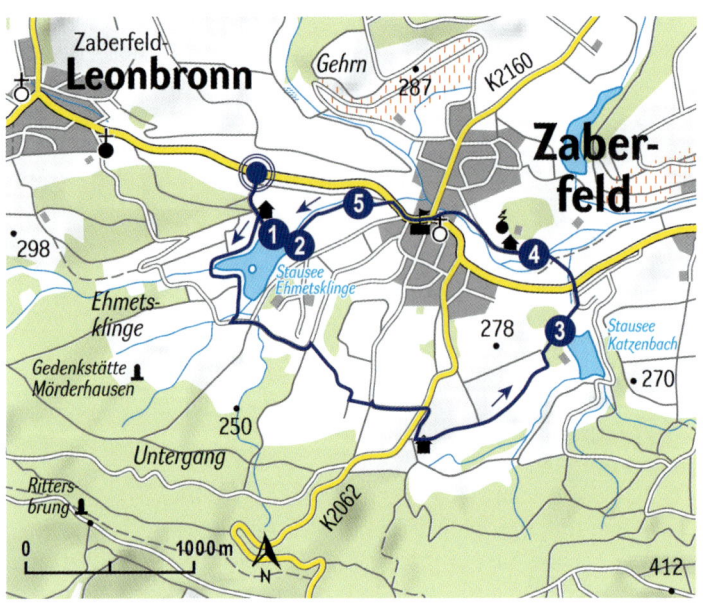

1 Stausee Ehmetsklinge
2 Naturparkzentrum
3 Katzenbachsee
4 Spielplatz
5 Zaberfelder Wasserwelt

Wer sich im Textilbereich wohler fühlt, geht ein Stückchen nach rechts und badet dort. Ein Kiosk sorgt im Sommer für die nötige Stärkung und das Wasser für eine erste Abkühlung (keine Badeaufsicht, Baden auf eigene Gefahr).

Nach einer kleinen Pause geht es weiter: über den Parkplatz vor zur Straße, von der nach circa 100 Metern beim Sportplatz der Rundweg abbiegt. Kurz darauf gelangt ihr zu einem gigantischen Spielplatz. Wenn ihr ausgetobt seid, führt euch ein schmaler Pfad entlang der Zaber bis zur Zaberfelder Wasserwelt. Gleich zu Beginn befindet sich ein Spielplatz direkt im kleinen Bach. Worauf wartet ihr? Schuhe aus und nichts wie rein ins Wasser! Wenn ihr fertig mit Spielen seid, wandert ihr weiter entlang des naturnahen Bächleins, überwindet eine Staumauer und erforscht die Wasserwelt. Haltet dabei die Augen auf: Libellen, Frösche und Lurche fühlen sich hier besonders wohl. Beim Frosch-Memory-Spiel biegt ihr links ab und wandert durch die Auenlandschaft bis hinauf zur großen Staumauer der Ehmetsklinge. Nach einem kurzen, steilen Aufstieg steht ihr auch schon oben und erblickt den Stausee und das Naturparkzentrum. Nun könnt ihr die wohlverdiente Runde im See schwimmen oder mit einem gemieteten Boot über das Wasser schippern. Ein Kiosk bietet im Sommer Erfrischungen an.

Information: Der Badesee ist nicht beaufsichtigt. Schwimmen auf eigene Gefahr. Es gibt einen Tretbootverleih.

Tipp: Wenn es für den See zu frisch ist, solltet ihr unbedingt das Naturparkzentrum besuchen. Hier erfahrt ihr noch mehr über die heimische Tierwelt. Wusstet ihr schon, dass zwischenzeitlich viele Wölfe in unseren Wäldern umherstromern? Kriecht in die Höhle des Wolfes und verfolgt die Spuren seiner Beutetiere. Die Wildkatzenausstellung ist nicht weniger interessant, zumal ihr euer erworbenes Wildkatzenwissen mit einem Besuch auf der vor dem Naturparkzentrum befindlichen „Wildkatzenwelt" vertiefen könnt.

LEUDELSBACHTAL
Wasser-Wald-Wengerte

Diese Rundwanderung durch das Naturschutzgebiet Leudelsbachtal besticht durch große Vielfalt. Folgt dem wilden Bachlauf, wandert durch Wald und Weinberge und genießt die Aussicht und die Natur.

Ausgangspunkt der Wanderung ist der Parkplatz beim Bauhof (Nähe Kläranlage) in Markgröningen. Von dort aus führt der Wanderweg 6 entlang des Leudelsbachs durch das Remminger Tal. Das kleine, aber wilde Bächlein sprudelt rauschend durchs breite Tal. Die Mutigen unter euch wandern ein Stückchen barfuß durch den erfrischenden Bach (am besten noch vor der Kläranlage). Wem es doch zu frisch ist, der spitzt die Ohren und lauscht und beobachtet das sprudelnde Wasser oder lässt sein selbst geschnitztes Boot zu Wasser. Ihr wandert zwischen wildem Bach und Auenlandschaft und den steilen Hängen rechts. Mit ein wenig Glück könnt ihr die hier lebende Gelbbauchunke hören und auch sehen.

Abgekürzt: Wer abkürzen möchte, der verlässt den Wanderweg 6 zu Beginn der Heide am „Hammelrain" und kraxelt an der Kreuzung den steilen Berg zu dem wundervollen Aussichtspunkt „Enzblick" hinauf. Hier könnt ihr bei gutem Wetter bis zum Stromberg blicken. Von hier aus folgt ihr wieder dem Rundweg 6 der euch zum Ausgangspunkt zurückbringt.

9,5 km,
mit Abkürzung
ca. 5 km

**Markgröningen
Wanderparkplatz
Bauhof / Tammer See**

**Wanderweg 6 des
Schwäbischen
Albvereins**

**Wechselkleidung
mitnehmen**

**Schellenhof,
Biergarten im Wald**

◀ **Wandern durch den Rotenackerwald**

1 Enzblick

2 Bannwald

3 Schellenhof

4 Markgröninger Stadtbrille

Wer weiter auf dem Rundweg 6 wandert, bestaunt die Heidelandschaft, die sich rechts an den steilen Hängen von ihrer schönsten Seite zeigt. Hier blühen über 200 verschiedene Pflanzenarten, darunter zahlreiche Orchideen, die Stinkende Nieswurz, Berg-Hellerkraut, Türkenbundlilie, Schlüsselblumen und der Seidelbast.

Barfußwandern im Leudelsbach ▶

Wer einmal einen echten Urwald sehen möchte, ist hier richtig. Denn direkt neben der Heide führt euch der Weg durch einen herrlichen Bannwald. In diesem Gebiet bleibt der Wald sich selbst überlassen und entwickelt sich zurück zum Urwald, in dem sich Spechte, Waldkauze und Schleiereulen heimisch fühlen. In der Dämmerung könnt ihr dem Ruf der Schleiereulen und dem unverkennbaren Ruf des Waldkauzes lauschen. Auf der linken Seite passiert ihr das Enzeck, wo der Leudelsbach in die Enz mündet. Zu Beginn des Flößerkanals verlasst ihr das Tal und steigt hinauf zum bewirteten Schellenhof, der sich zur Rast anbietet.

Nach der Stärkung wandert ihr wieder in den Wald hinein und durch den herrlichen Rotenackerwald entlang der Talkante bis zum Aussichtspunkt

„Enzblick". Genießt die Aussicht. Weiter geht es am Waldrand bis zur „Markgröninger Stadtbrille". Einen Blick durch diese solltet ihr euch nicht entgehen lassen. Weiter dem Rundweg 6 folgend gelangt ihr bald zurück zum Ausgangspunkt der Wanderung.

Information: Das Gebiet ist nicht nur bei Wanderern, sondern auch bei Bikern sehr beliebt! Zahlreiche Trails führen quer durch den Wald, und ihr solltet nicht erschrecken, wenn plötzlich ein Biker in rasantem Tempo euren Weg kreuzt.

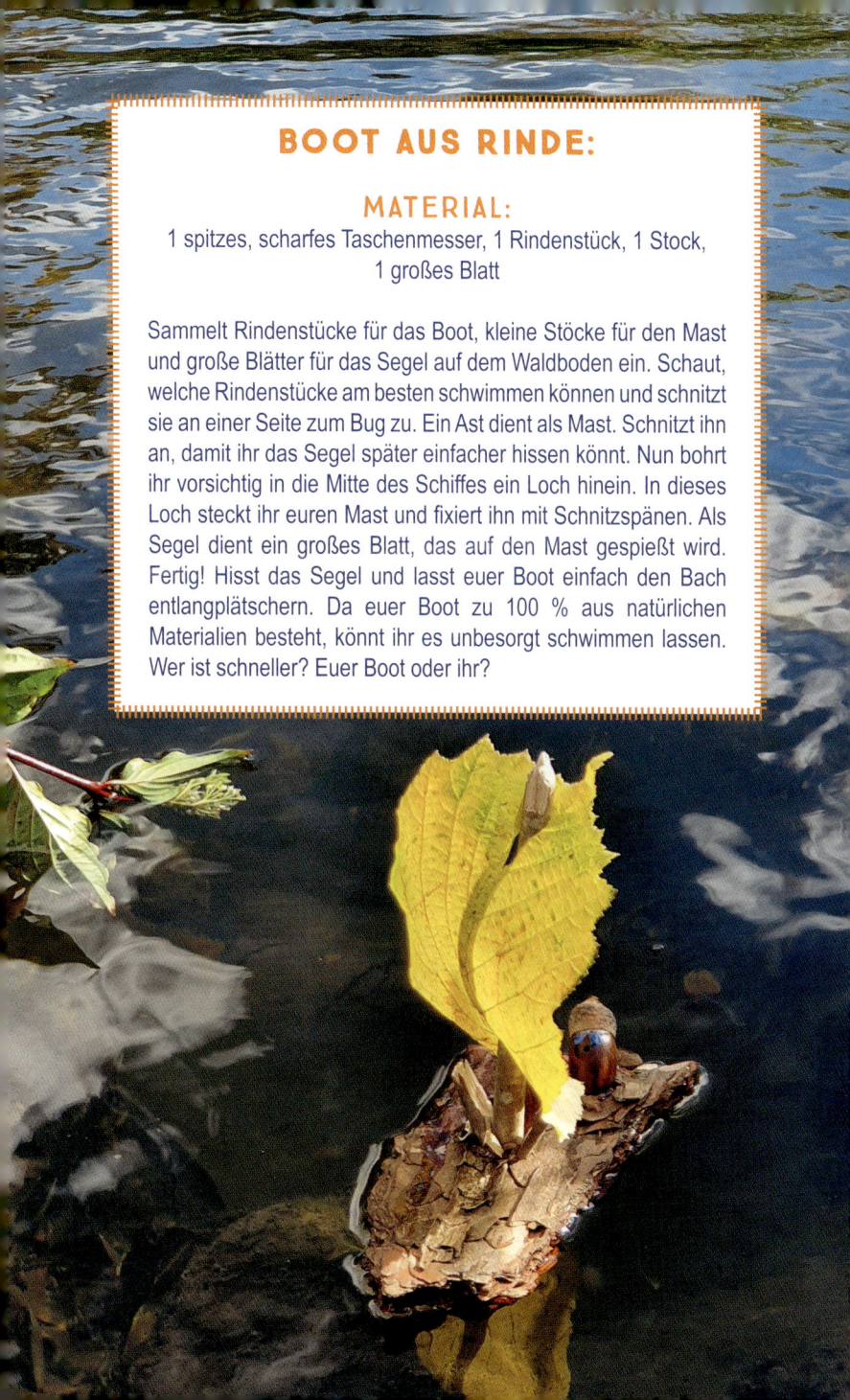

BOOT AUS RINDE:

MATERIAL:

1 spitzes, scharfes Taschenmesser, 1 Rindenstück, 1 Stock,
1 großes Blatt

Sammelt Rindenstücke für das Boot, kleine Stöcke für den Mast und große Blätter für das Segel auf dem Waldboden ein. Schaut, welche Rindenstücke am besten schwimmen können und schnitzt sie an einer Seite zum Bug zu. Ein Ast dient als Mast. Schnitzt ihn an, damit ihr das Segel später einfacher hissen könnt. Nun bohrt ihr vorsichtig in die Mitte des Schiffes ein Loch hinein. In dieses Loch steckt ihr euren Mast und fixiert ihn mit Schnitzspänen. Als Segel dient ein großes Blatt, das auf den Mast gespießt wird. Fertig! Hisst das Segel und lasst euer Boot einfach den Bach entlangplätschern. Da euer Boot zu 100 % aus natürlichen Materialien besteht, könnt ihr es unbesorgt schwimmen lassen. Wer ist schneller? Euer Boot oder ihr?

LUDWIGSBURG
Für Prinzen und Prinzessinnen

ca. 4,5 km

Eine prunkvolle Wanderroute vorbei an drei Schlössern und durch einen Wald, in dem Mufflons leben. Diese Wanderung könnt ihr mit öffentlichen Verkehrsmitteln optimal erreichen.

Hauptbahnhof Ludwigsburg

Richtung Favorite, dann Beschilderung Richtung Planeten- weg und Monrepos folgen

ÖPNV: S4 oder S5 oder RE nach LB Hauptbahnhof, alternativ B 27 nach LB, Parkplatz Blühendes Barock

Biergarten zu Beginn des Planetenweges und am Monrepos-See

Vom Hauptbahnhof in Ludwigsburg nehmt ihr entweder den Bus zur Bärenwiese oder ihr wandert die circa 1,5 Kilometer dorthin zu Fuß und flaniert über den barocken Markt- platz, der nicht nur zur Weihnachtszeit einer der schönsten Orte der Stadt ist.

Auf der Bärenwiese solltet ihr unbedingt eine Pause auf dem Abenteuerspielplatz einpla- nen. Wo zu Zeiten von König Friedrich I. noch tatsächlich echte Bären in einer Menagerie lebten, tummeln sich heute die Ludwigsburger. Die schmale Königsallee teilt die Bärenwiese. Von hier aus erhascht ihr einen gigantischen Blick auf das Schloss. Dann biegt vor dem Schloss links ab in Richtung Innenstadt.

Bei der „Schlangenkreuzung" nehmt ihr die schmale Kastanienallee, den Berg hinab pa- rallel zur Straße. Diese führt euch am Haupt- eingang des prunkvollen Residenzschlosses mit seinen 452 Zimmern, zwei Kirchen und eigenem Theater vorbei. An der nächsten Straßenkreuzung biegt ihr wieder rechts ab und erblickt bald schon auf der linken Seite das im Jahr 2020 frisch renovierte Jagd- und Lustschloss Favorite. In diesem feierte man früher ausschließlich rauschende Feste, ge- schlafen wurde im Residenzschloss. Gleich

1 Barocker Marktplatz
2 Schlangenkreuzung
3 Bärenwiese, Königsallee
4 Abenteuerspielplatz
5 Residenzschloss

6 Schloss Favorite
7 Park Favorite
8 Planetenweg
9 Schloss Monrepos
10 Monrepos-See

am Eingang des Parks Favorite könnt ihr beim Kiosk Wildfutter erwerben. Der angrenzende Naturwald ist eines der ältesten Naturschutzgebiete in Baden-Württemberg und ein herrliches Erholungsgebiet. Besonders an heißen Tagen bieten die traumhaften Baum-Riesen kühlenden Schatten. Muffel- und Damwild sind sehr zutraulich und lassen sich aus nächster

Nähe bestaunen und auch füttern. Morgens und abends stehen die Chancen auf eine tierische Begegnung am besten.

Irgendwo mäht ein Schaf? Oder doch etwas anderes? Es muffelt! Die importierten Mufflons gehören zu den Schafen und fühlen sich in Ludwigsburg scheinbar genauso wohl wie in ihrer korsischen Heimat.

Vom Ausgang des Parks Favorite wandert ihr circa 200 Meter in nördlicher Richtung durch die Bahnunterführung der Beschilderung zum Planetenweg / Seeschloss Monrepos folgend. Kurz hinter der Unterführung befindet sich rechter Hand auf einer kleinen Anhöhe ein Biergarten. Da erstrahlt auch schon die Sonne, die erste Station des Planetenweges. Kunstvoll inszeniert durchwandert ihr in dreifacher Lichtgeschwindigkeit (natürlich umgerechnet vom Maßstab 1:1 Milliarde) ein Teilstück des Planetenweges. Die Allee führt euch an Merkur, Venus, Erde und Mars vorbei hinab bis zum romantischen Seeschloss Monrepos, wo Jupiter zu finden ist. Am romantischen See thront das im 18. Jh. von Herzog Carl Eugen erbaute Wasserschlösschen. Kleine Kapitäne kommen hier auf ihre Kosten. Ahoi, volle Kraft voraus! Im Tretboot darf jeder mal strampeln, und die Kleinen powern sich nochmal so richtig aus. Landratten spazieren rund um den See und genießen das herrliche Ambiente.

Eine kleine Stärkung bekommt ihr am See ebenfalls. Zurück zum Hauptbahnhof nehmt ihr den Bus oder lauft denselben Weg zurück.

Information: Hunde dürfen nicht in den Park Favorite mitgenommen werden. Verpflegung gibt es am Bahnhof, in der Innenstadt, im Park Favorite, zwischen Favorite und Planetenweg und beim Monrepos-See.

Tipp: Ihr solltet unbedingt einen Besuch im nostalgischem Märchengarten des Blühenden Barocks und im Residenzschloss einplanen. Das ganze Jahr über finden hier tolle Aktionen und Ausstellungen statt, wie das Frühlingserwachen, die Sandwelten, die weltgrößte Kürbisausstellung, das Lichterfest, das Musikfeuerwerk und das Straßenmusikfestival (gebührenpflichtig).

Tipp: Wer die Autorin dieses Wanderführers einmal kennenlernen möchte, begibt sich mit ihr und Ludo im Rahmen einer Erlebnisführung auf Spurensuche in Ludwigsburg.
Weitere Informationen unter: www.ludwigsburgmitkind.de

FEENSPUREN RÖMERWALD WELZHEIM

Römerspuren in Champagnerluft

Genießt auf dem Premiumspazier-wanderweg die berühmte Champa-gnerluft des Welzheimer Waldes, wandert auf dem Limes und folgt dabei den Spuren der Römer.

Schon die circa einstündige Anreise mit der Schwäbischen Waldbahn ab Schorndorf ist ein nostalgisches Abenteuer. Besonders be-eindruckend ist es, wenn die alte Dampflok den Berg hinaufschnauft.

An der Haltestelle „Tannwald" in Welzheim startet der circa sieben Kilometer lange und gut ausgeschilderte Premiumspazierweg seinen Rundkurs. Durch den Stadtgarten mit seinem Arboretum (Ansammlung vielfältiger Bäume) gelangt ihr zum Wanderparkplatz Wellingtonien, wo ihr direkt vor dem ersten Highlight der Strecke steht: den gigantischen Wellingtonien.

 ca. 7 km inkl. Römerkastell

 Haltestelle Tannwald, Welzheim

FeenSpuren Römerwald; Limesweg

 Wechselkleidung mitnehmen

 in Welzheim am Start- / Zielpunkt großer Biergarten; Biergarten Hagmühle

SCHON GEWUSST?

König Wilhelm I. bestellte die Samen für die Baumriesen im Jahr 1864. Aufgrund eines Missverständnisses kamen viel zu viele Samen in Stuttgart an, sodass nicht alle in der Wilhelma eingepflanzt wurden. In Welzheim könnt ihr die gigantischen Dimensionen dieses alten, königlichen Missverständnisses bestaunen.

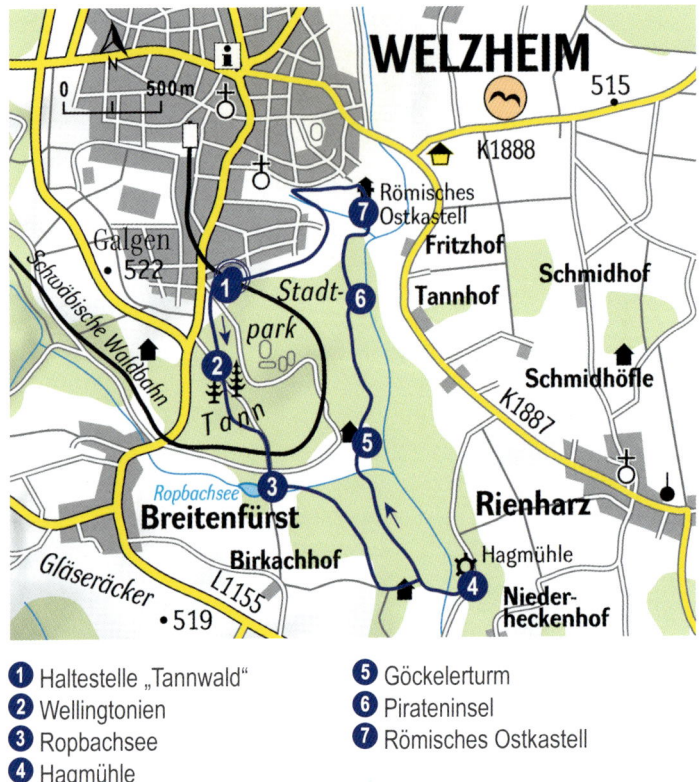

1 Haltestelle „Tannwald"
2 Wellingtonien
3 Ropbachsee
4 Hagmühle

5 Göckelerturm
6 Pirateninsel
7 Römisches Ostkastell

Gleich zehn gigantische Wellingtonien, auch Mammutbäume genannt, ragen in den Himmel empor. Sie sind die Nachkommen amerikanischer Baumriesen, deren Ausmaße beeindrucken.

Das erste Teilstück der Wanderung führt über den Wald-Sportweg. Kinder können aufgrund ihrer Größe nicht alle Geräte bespielen, dennoch ist die ein oder andere Station auch bei ihnen sehr gefragt. An den Ringen schwingen wie die Äffchen, am Barren hangeln und über Hürden galoppieren wie ein Pferdchen, so kommt ihr in Schwung für die Wanderung!

Römisches Ostkastell in Welzheim ▶

Durch den Wald führt der Weg hinab über die Gleise der schwäbischen Waldbahn hinweg bis zum idyllischen Ropbachsee. Von dort aus geht es links entlang des Ufers eines wilden Bächleins, das sogar unter und zwischen Bäumen hinweg plätschert. Auf naturnahen Pfaden führt der Spazierweg dann steil hinauf auf den Limeswanderweg quer durch den Nadelwald. Wer möchte, erreicht nach einem kurzen Abstecher die im Jahr 1438 erbaute historische Hagmühle. Diese lädt an Sonn- und Feiertagen in einen herrlichen Biergarten ein. Während ihr die Pause genießt, planschen die Kinder vergnügt im Bach. Nach der Rast führt der gleiche Weg am Waldrand wieder zurück auf den Rundweg.

Der FeenSpur und dem Limesweg folgend, gelangt ihr zu einer Ruine des römischen Göckelerturm, einem Wachturm der einstigen Verteidigungslinie. Vielleicht entdeckt der ein oder andere von euch ja den Römer in sich, patrouilliert auf den Mauerresten und hält nach Feinden Ausschau.

Von dort schlängelt sich ein verwunschener Pfad durch den Wald hinab und weiter bergauf und wieder bergab bis zu einer Brücke, vor der ihr links abbiegt und dem ursprünglichen Bachlauf der Lein folgt.

Der parallel verlaufene Pfad ermöglicht es immer wieder, direkt ans Wasser zu gelangen. Die Erlebnisstation „Pirateninsel" zieht kleine Abenteurer magisch an. Vielleicht entdeckt ihr dort einen Schatz?

In der Kreuzung, an der die FeenSpur den Bachlauf wieder verlässt, lohnt ein zweiter kleiner Abstecher zum Archäologischen Ostkastell (insgesamt circa ein Kilometer).

SCHON GEWUSST?

Das Ostkastell gehörte zum 550 Kilometer langen Grenzwall der Römer, dem Limes. Im Ostkastell lebten und badeten einst die Römer und versteckten u. a. ihre Schuhe in einem Brunnen. Wer mehr über ihr Treiben erfahren möchte, wandert einfach mal vorbei und informiert sich auf den zahlreichen Infotafeln.

Zurück auf den FeenSpuren führt die Route durch den Wald hinauf wieder zur Haltestelle „Tannwald". Hier befindet sich ein Biergarten und direkt angrenzend ein phänomenaler Römer-Spielplatz. Der perfekte Ort für einen gemütlichen Ausklang der Wanderung.

HÖRSCHBACH-SCHLUCHT
Räuberversteck im Wasserfallland

Wo einst berüchtigte Räuberbanden ihr Unwesen trieben, tummeln sich heute Feen und abenteuerlustige Familien, die im herrlichen Natur-schutzgebiet der Hörschbachschlucht wandern.

ca. 5 km

Wanderparkplatz Hörschbachschlucht in Murrhardt

Wasserfallweg

Eingeschränkter Handyempfang

in Murrhardt im Stadtzentrum, nicht an der Strecke

Ausgangs- und Endpunkt der Wanderung ist der Wanderparkplatz. Hier startet ihr euren Weg im ehemaligen Revier der Mainhardter Räuber.

Die Route beträgt insgesamt circa fünf Kilo-meter und führt vom Vorderen zum Hinteren Wasserfall und zurück.

Gleich zu Beginn der Wanderroute befindet sich der Vordere Wasserfall, der fünf Meter in die Tiefe stürzt. Er ist auch im Winter, wenn er vollständig zu bizarren Eisskulpturen einfriert, ein beliebtes Fotomotiv.

Von hier aus geht's immer entlang des Bachbettes oder mittendurch, circa zwei Kilometer über Stock und Stein, manchmal steil bergauf und bergab und über den Bach hin und zurück. Nicht immer sind Brücken vorhanden. Balancieren von Stein zu Stein und die Überquerungen des Bachs als Familienaufgabe, das schweißt zusammen! Durch Regenfälle und umgestürzte Bäume verändert sich der Wegverlauf ständig, so-dass keine Wanderung der nächsten gleicht. Der Hintere Wasserfall ist ein beeindrucken-des Natur-Spektakel. Aus drei Metern Höhe stürzt der Wasserfall tosend in die Tiefe

Hörschbachschlucht mit „Vorderem Wasserfall" ▶

und strömt dann über zwölf Meter lange Kaskaden ins Bachbett hinab. Das Highlight für Kinder ist jedoch das Staubecken mit einer Schleuse am Rastplatz oberhalb des Wasserfalls. Lasst das Becken volllaufen und öffnet die Stauklappe, dadurch könnt ihr den imposanten Wasserfall selbst auslösen. Vom Flussbett aus hört man das nahende Wasser bereits lange, bevor man es sieht.

Zurück empfehlen wir den Hangweg auf der „Wasserfallstraße", der größtenteils auf befestigten Forstwegen verläuft und einfacher zu begehen ist. Auch auf dieser Route sind steile Passagen und unbefestigte Teilabschnitte zu bewältigen. Vom Hangweg aus erreicht ihr den Grillplatz „Brunnelesweg", der circa 500 Meter vom Wanderparkplatz entfernt liegt und zu einer ausgiebigen Rast einlädt.

SCHON GEWUSST?

Die Mainhardter Räuber waren eine 58 Mann starke Räuberbande aus Mainhardt, die sich im Jahr 1760 zusammenschloss. Armut und Hunger trieb ganz normale Männer in die Kriminalität. Sie jagten und räuberten in Fuchsmanier – das bedeutet, sie wilderten und räuberten außerhalb des eigenen Reviers. So trieb die Räuberbande in den Murrhardter Wäldern ihr Unwesen. Zahlreiche Verstecke in Klingen im Wald boten den Schurken Schutz.

Information: Unbedingt genügend Verpflegung mitnehmen, hier ist man auf sich gestellt; und der Handyempfang ist sehr eingeschränkt! Festes Schuhwerk und Wechselkleidung sind Pflicht!

Parkplatz: Der Parkplatz liegt direkt am Eingang der Hörschbachschlucht an einer kleinen Bergstraße, zwischen dem Murrhardter Reitverein, der Schwarzenmühle und dem Trailhof.

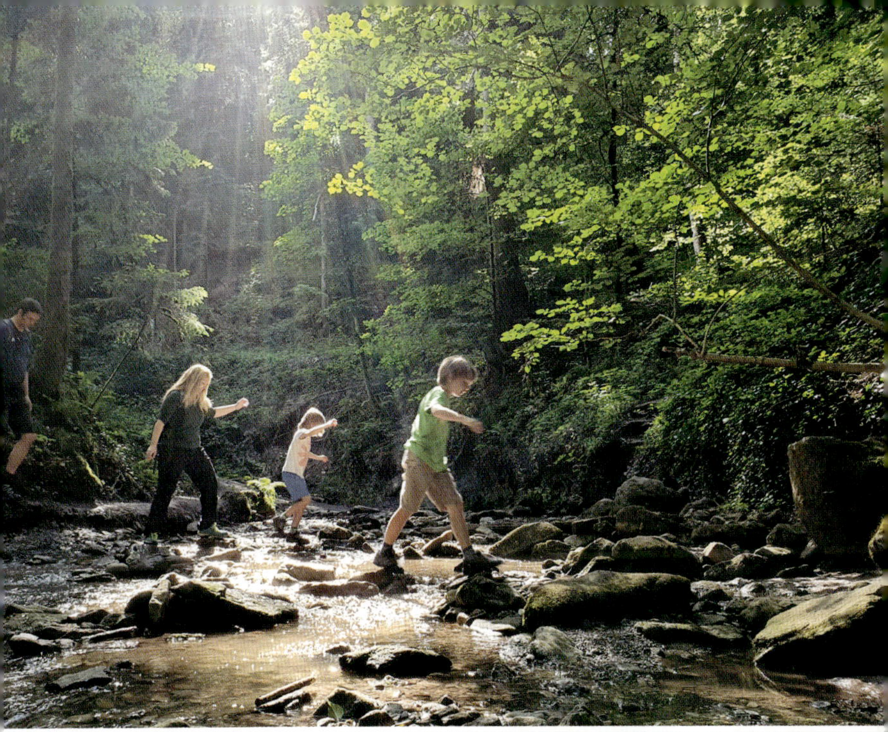
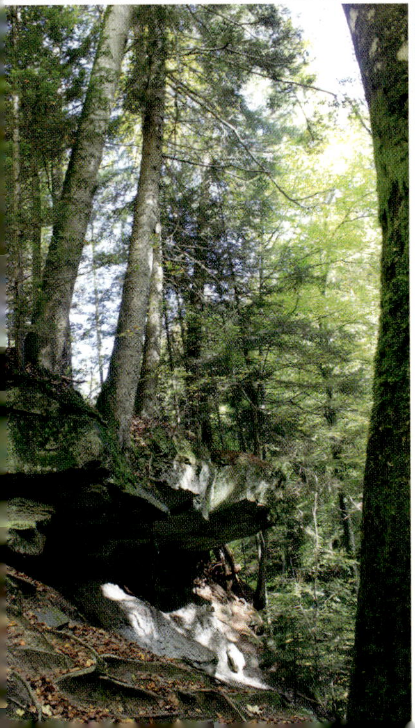
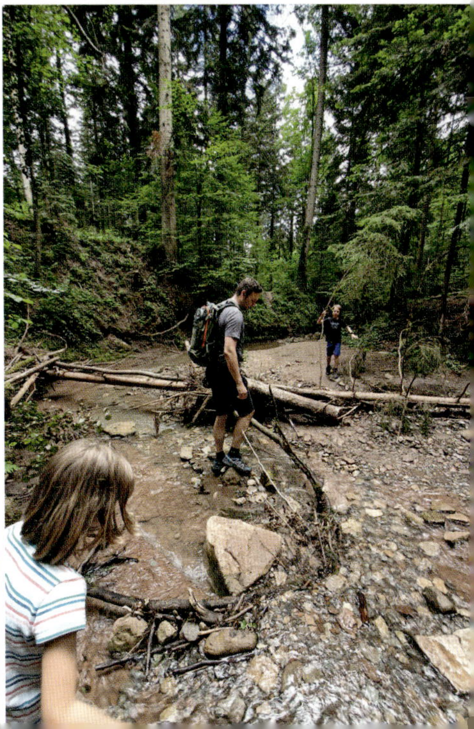

FEENSPUREN-FELSENMEER

Feenhafter Naturgenuss

6,5 km

Wanderparkplatz
an der L 1119
(Römerseeparkplatz in
Murrhardt-Riesberg/
Unterer Riesberg)

FeenSpuren
Felsenmeer

Festes Schuhwerk
und Verpflegung
(Grillgut) mitnehmen

in Murrhardt
im Stadtzentrum

Klettert im sagenumwobenen Felsenmeer im Naturschutzgebiet Schwäbischer Wald und bestaunt eine faszinierende Tier- und Pflanzenwelt. Auf dem gut ausgeschilderten Rundweg erwarten euch gleich zwei schöne Grillstellen und ein hoher Aussichtsturm. Es geht steil bergauf und bergab – gutes Schuhwerk ist Voraussetzung!

Vom Wanderparkplatz geht's circa 800 Meter steil durch den Wald den Berg hinauf. Oben angekommen werdet ihr mit einem herrlichen Ausblick vom 25 Meter hohen Riesbergturm über den Schwäbischen Wald belohnt. Die Kinder können im Höhlensystem der ausgewaschenen Sandsteine spielen und sich wie im „Abenteuerland" fühlen. Eine einladende Grillstelle bietet sich für die erste Pause an. Weiter geht es links an der Sandsteinwand vorbei über einen sandigen, schmalen Weg. (Vorsicht Biker!) Von diesem Weg aus taucht ihr schließlich von oben in das Felsenmeer ab. Nicht nur die Steilwand ist beeindruckend. Die großen Sandsteinblöcke, die im Naturwald liegen, faszinieren Groß und Klein. Hüpfend und von Stein zu Stein springend fühlt sich so manches Kind wie ein richtiger Superheld.

Das Felsenmeer ist ein wahrer Dschungel. Hier leben tausende Tierarten, umgefallene Bäume bleiben liegen und bieten hunderten

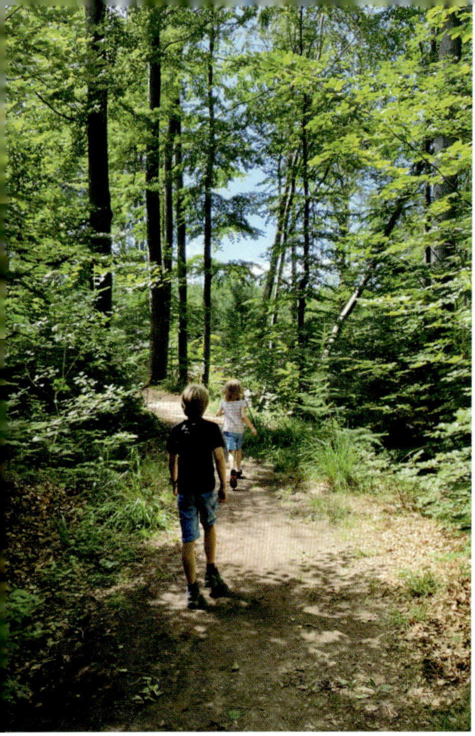
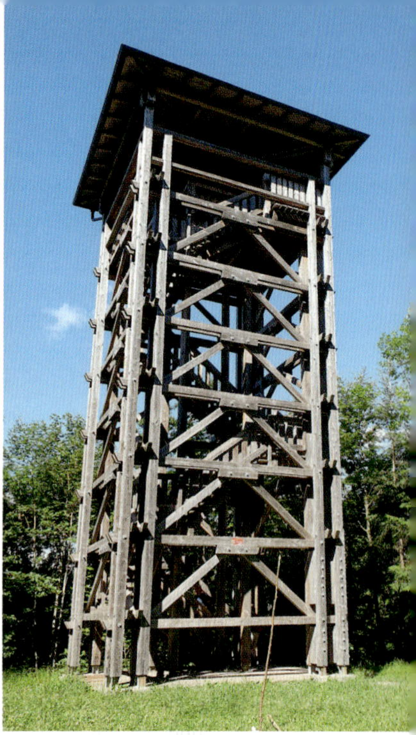
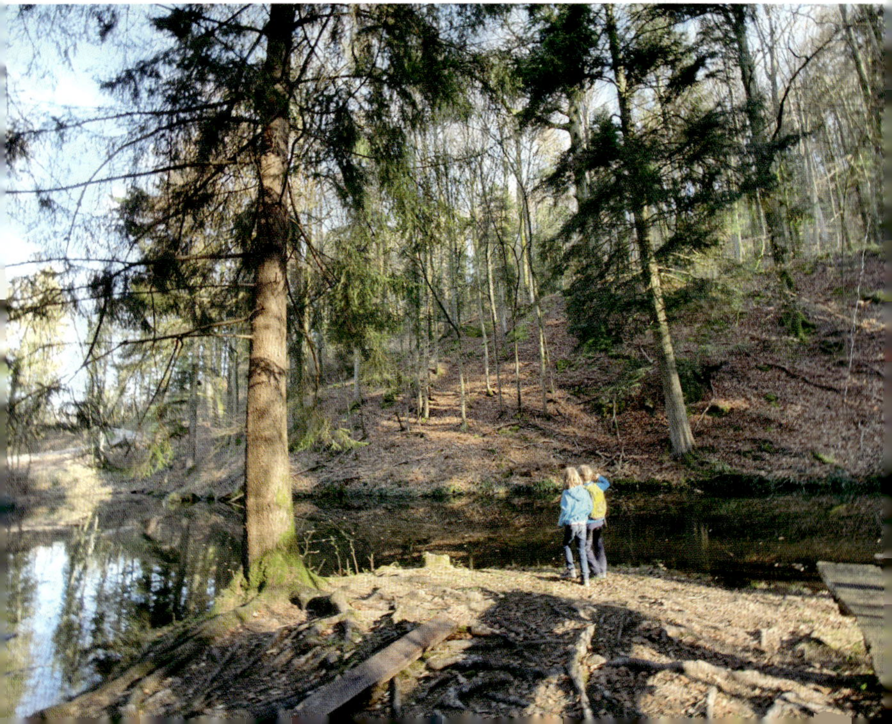

◀ **Riesbergturm**

von Käferarten Lebensraum. Mit ein wenig Glück entdeckt ihr hier Spechte, Feuersalamander und Waldfledermäuse. (Wenn das Felsenmeer wegen Erdrutschen gesperrt ist, führt die alternative Wanderroute oben am Felsenmeer vorbei.)

Wer das Felsenmeer durchquert hat, kann sich am romantischen Römersee am Tanz der Schmetterlinge und Libellen über dem Wasser sowie den zahlreichen Wasserläufern erfreuen.

Weiter geht es zum nächsten Grillplatz. Von hier aus ist es nur noch ein kleines Stückchen, bis ihr nach einem herrlichen Rundweg wieder am Ausgangspunkt angelangt seid.

Tipp: Wer sich nach dem Wandern abkühlen möchte, kann eine kleine Runde in oder um den Waldsee in Murrhardt-Fornsbach drehen. Das Freizeitgelände bietet einige Spielplätze, einen Grillplatz, einen kleinen Sandstrand, Minigolf, Tret- und Ruderbootverleih und einen Rundweg an. Der Rundweg um den See ist auch mit dem Kinderwagen leicht zu bewerkstelligen.

Wer immer noch nicht genug hat, campt eine Nacht auf dem Campingplatz am Waldsee. Das Naturparkzentrum in der Stadtmitte von Murrhardt vermittelt anschaulich Wissen über die Natur und die Räuberbande.

HÄGELES- UND BRUNNENKLINGE

Doppelklinge für Ganoven

ca. 4 km

Parkplatz Kaisersbach,
Täle 17, K 1982
zwischen Kaisersbach
und Ebersberg

Richtung Häuptles-
wiese, Hägelesklinge,
Brunnenklinge

Anreise mit dem
Waldbus an Sonn- und
Feiertagen von Mai bis
Oktober möglich,
VVS Linie 265

am Ebnisee
und in Kaisersbach

Wo sich einst jahrelang ein Deserteur vor seiner Strafe versteckte, erkundet ihr heute die bizarren Felsformationen und Klingen in ihrer rauen Schönheit. Ausgangspunkt der Wanderung ist der Wanderparkplatz Täle, neben dem sich ein weitläufiger Grillplatz mit Spielgeräten und Kneippbecken befindet. Am Ende der Wanderung lädt er zum gemütlichen Ausklang ein.

Da es sich um eine Rundwanderung handelt, ist es egal, in welche Richtung ihr startet. Wir heben uns das Highlight, die Klingen, gerne bis zum Schluss auf und starten am Parkplatz geradeaus in Richtung Wald. Entlang eines kleinen Bachs, durch den man wunderbar barfuß wandern kann, folgt ihr dem Weg in den Wald hinein. An der ersten Kreuzung biegt ihr links ab und wandert weiter durch den Wald. Wer einen kleinen Abstecher nach links macht, findet den Waldjugendzeltplatz Häuptleswiese. Sofern keine Besucher da sind, kann man hier wunderbar eine Runde Fußball, Beachvolleyball oder Fangen spielen.

Wieder zurück auf dem Wanderweg schlängelt sich dieser hoch hinauf bis zu einer Straße. Auf dieser Straße wandert ihr rechts entlang bis zum Forsthaus in Ebersberg. Da die Straße sehr wenig befahren ist, war es für uns kein Problem hier zu laufen. Am

Hägelesklinge mit „Steinrutsche" ▶

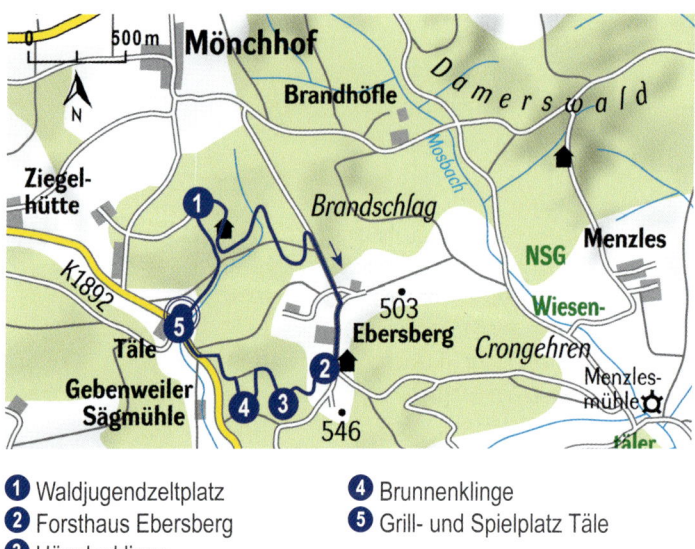

1 Waldjugendzeltplatz
2 Forsthaus Ebersberg
3 Hägelesklinge
4 Brunnenklinge
5 Grill- und Spielplatz Täle

Ende von Ebersberg befindet sich das Forsthaus, ein Jugendgästehaus, am Kletterturm zu erkennen. Direkt dahinter biegt ihr rechts ab zurück in den Wald.

Im Wald angekommen taucht ihr von oben direkt in die schroffe Hägelesklinge ein. Früher war die spaltartige Grotte der hintere Teil einer großen Höhle, von der im vorderen Bereich ein großes Stück abbrach. Auch heute noch ist sie beeindruckend. Für Kinder ist die Rutsche, die durch den Stein verläuft, besonders spannend. In den bizarren Felsformationen lassen sich tolle Fotos schießen.

SCHON GEWUSST?

Die Klinge verdankt ihren Namen dem Deserteur Johannes Hägele, der sich zu Beginn des 19. Jahrhunderts jahrelang in der Klinge versteckte und sich so erfolgreich einer Militärstrafe entzog.

Grill- und Spielplatz Täle ▶

Auf schmalen, unbefestigten Wegen führt die Wanderung über Wurzeln, Erde und Steine hinab ins Tal. Nur drei Minuten von der Hägelesklinge entfernt befindet sich die Brunnenklinge. Der Abstecher vom Rundweg lohnt sich. In die gigantische Sandsteingrotte würde ein zweistöckiges Haus passen. Aber auch die vielen Nischen, Simse und Vorsprünge zeigen die Schönheit der Natur.

Auf dem gleichen Weg, den ihr zur Brunnenklinge genommen habt, wandert ihr wieder zurück auf den Rundweg. Kurz darauf erreicht ihr eine Informationstafel, auf der man sich die gelaufene Strecke nochmal auf der Landkarte anschauen kann und einiges über die Klingen erfährt. Von hier aus erreicht ihr in circa 300 Metern die Kreisstraße. Auf einem kurzen Fußmarsch entlang der Straße gelangt ihr rechts herum zurück zum Wanderparkplatz Täle, wo der Grill- und Spielplatz auf euch wartet.

Information: Die Klingen sind als gefährdetes Naturschutzgebiet eingestuft. Deshalb bleibt bitte auf den Wegen, nehmt eure Abfälle wieder mit und reißt keine Pflanzen ab.

BÄRLAUCHBUTTER:

(beim Grillplatz Täle bei der Hägelesklinge geerntet)

Bärlauch, der „wilde Bruder des Knoblauchs", zählt zu den beliebtesten Wildkräutern. Kein Wunder! Bärlauch hat wie Knoblauch einen scharfen, würzigen Geschmack. Zudem wirkt er sich positiv auf die Gesundheit aus, ist darmregulierend und gleichzeitig auch blutbildend, blutdrucksenkend und herzstärkend. Seine Erntezeit ist im Frühling (Anfang März bis Juni vor der Blüte). Er wächst gerne im Wald auf humusreichen Böden.
Aber Vorsicht! Bärlauch sieht den hochgiftigen Maiglöckchen und der giftigen Herbstzeitlosen zum Verwechseln ähnlich!
Bärlauch riecht nach Knoblauch, Maiglöckchen und Herbstzeitlose nicht. Ein weiteres Erkennungsmerkmal von Bärlauch ist außerdem die Blattrippe, die Maiglöckchen und Herbstzeitlose nicht aufweisen. Wenn ihr euch unsicher seid: lieber Finger weg! Selbst gesammelter Bärlauch sollte vor der Zubereitung immer sehr gründlich gewaschen werden, da Wildkräuter potentielle Träger des Fuchsbandwurms sein können.

ZUTATEN:

20 bis 40 Blätter frischer Bärlauch • 250 g Butter
Salz und Pfeffer

Wasche die Bärlauchblätter und tupfe sie trocken. Schneide die Blätter in kleine Stückchen. Zerteile die Butter (Zimmertemperatur) in kleine Stückchen und würze sie mit Pfeffer und Salz. Drücke nun die Blätter mit einer Gabel in die Butter. Je weicher die Butter, desto besser geht's.
Die fertige Butter kann auch sehr gut in kleinen Portionen eingefroren werden. Auf selbst gebackenem, warmem Stockbrot schmeckt eure Bärlauchbutter am besten!

Lasst es euch schmecken!

BÄRENSCHLÖSSLE STUTTGART

Wo Bären brummen, Fische blubbern
und Hirsche röhren

*Vor den Toren Stuttgarts könnt ihr
euch auf eine idyllische Wanderung
im herrlichen Naturschutzgebiet
Glemswald begeben. Gleich drei
Seen, der Pfaffensee, der Neue See
und der Bärensee, bilden ein male-
risches Ausflugsziel für die ganze
Familie.*

Ein idyllischer Rundweg verläuft einmal
um die drei Seen herum. Viele Bänke und
Baumwurzeln laden zum Verweilen und
Genießen ein. Da die Strecke kinderwagentauglich und ohne größere Steigungen
verläuft, ist sie perfekt für den Ausflug mit
Kinderwagen, Laufrad, mit den Großeltern
oder zum Joggen.
Vom Parkplatz aus gelangt ihr rasch zum
Pfaffensee, wo ihr rechts herum am Seeufer
entlang zwischen Wasser und Wald startet.
Hier lassen sich durch Bruch entstandene,
bizarre Baumskulpturen bewundern. Mit
ein wenig Glück entdeckt ihr in den klaren
Seen sich tummelnde Fische. Ursprünglich
dienten diese Seen als Trinkwasser-Reser-
voir für die Stadt Stuttgart, heute sind sie
ein herrliches Naherholungsgebiet. Beim
Bärensee verlasst ihr den Seeweg und
biegt zum Bärenschlössle, einem kleinen
ehemaligen Jagdschlösschen, ab. Wer jetzt
schon hungrig ist, kann sich hier in einem

 **ca. 9 km inklusive Rotwildgehege**

 **Parkplatz entlang der Magstadter Straße, Stuttgart**

 Bärenschlössle und Rotwildgehege

 ÖPNV: Haltestelle Schattengrund

 **Biergarten am Bärenschlössle**

❶ Bärenschlössle   **❸** Wezeleiche

❷ Wildgehege

Biergarten mit Seeblick stärken. Wer noch genug Kraft hat, macht einen kleinen Abstecher zum Rot- und Schwarzwildpark. Die scheuen Tiere tummeln sich meist vorne bei der Futterstelle. Wer einmal ums Gehege herum flaniert, entdeckt vielleicht einen stattlichen Rothirsch.

Nach diesem kleinen Abstecher geht es wieder zurück zum Bärenschlössle, von wo aus ihr erneut auf den Seeweg gelangt. Vorbei an malerischen Trauerweiden, unter majestätischen Buchen hindurch und entlang von im Wasser liegenden Bäumen eignet sich dieser schattige Rundweg besonders an heißen Tagen. Im Herbst, wenn das Laub der Buchen in satten Gelb- und Orangetönen leuchtet, ist es hier ebenso schön wie im eisigen Winter, wenn die Seen zufrieren. Monumentale Eichen mit einem Umfang bis zu 6,6 Metern und einer Höhe von bis zu 35 Metern könnt ihr bestaunen. Der vielfältige und alte Baumbestand sowie die Seen bieten

Idyllisches Naherholungsgebiet vor den Toren Stuttgarts ▶

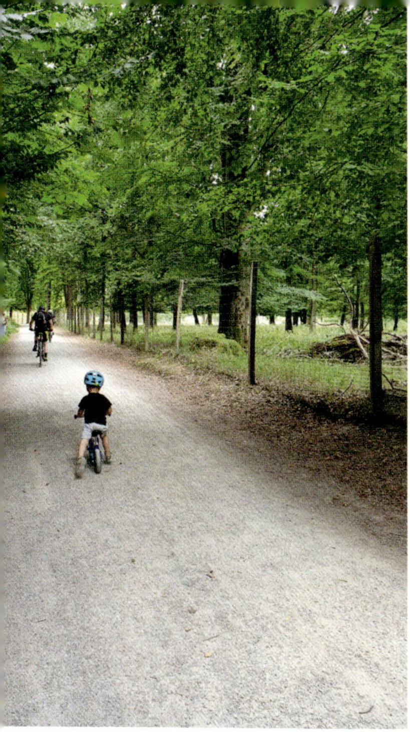
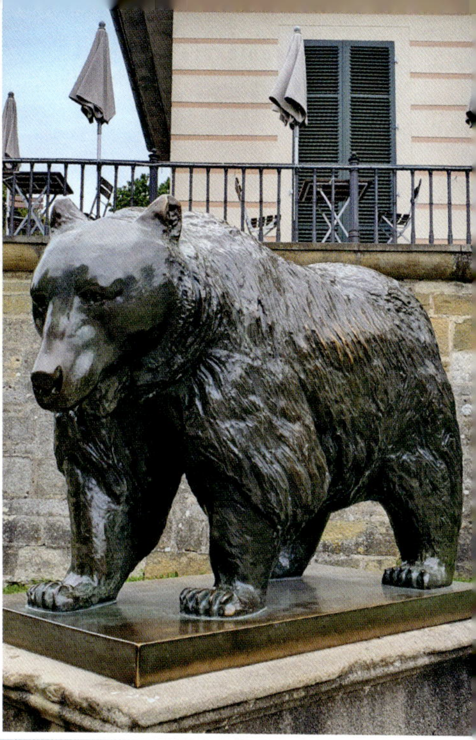
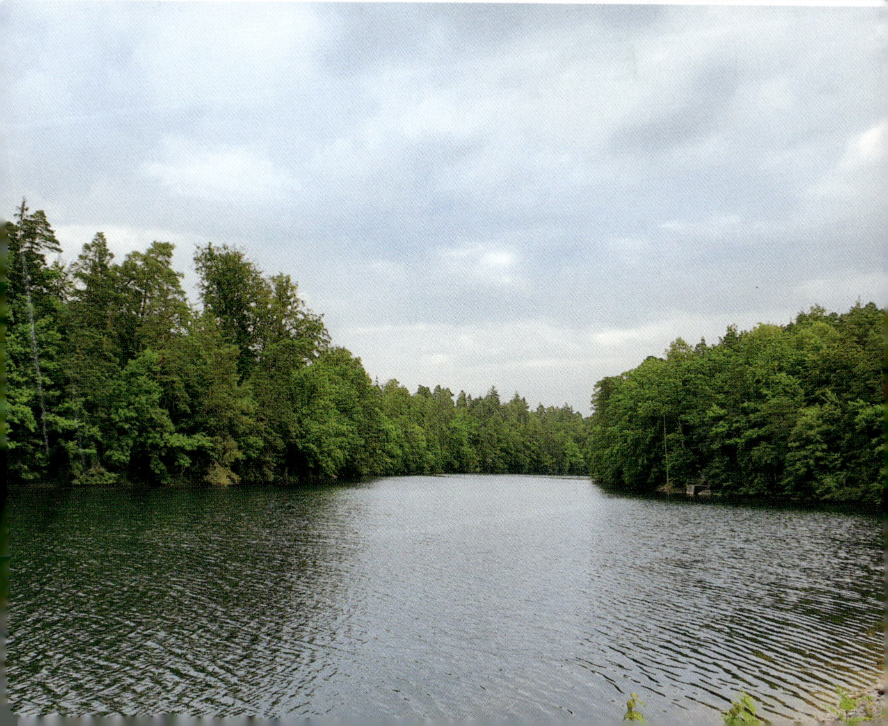

rund 26 Vogelarten, darunter sieben Spechtarten, und mehr als 600 Wasser- und Sumpfpflanzen eine Heimat. Ein besonderer Hingucker sind die kleinen Rotwangen-Schmuckschildkröten, die sich an der Uferböschung tummeln. Sie wurden als ehemalige Terrarien-Bewohner hier in die Freiheit entlassen und vermehren sich seitdem im Naturidyll rege. Vielleicht habt ihr Glück und könnt die verschiedenen Tiere bestaunen. Also, Ferngläser nicht vergessen!

BLAUSTRÜMPFLERWEG
Stuttgarter-Kult-Tour

*Der Rundwanderweg mit Zahnrad-
bahn und Seilbahn. Ein Muss für alle
Stuttgarter und die, die es werden
wollen.*

ca. 7,5 km

Auf der circa zehn Kilometer langen Rundwanderung um Stuttgart gilt es, 445 Höhenmeter zu überwinden. Für Neigeschmeckte
klingen die „Stuttgarter Stäffele" niedlich.
Doch wer den „Blaustrümpfler" gewandert
ist, bekommt neben strammen Waden auch
ein Gespür für die vielen Treppen, die vom
Stuttgarter Zentrum aus dem Talkessel hinauf in den Wald führen. Doch keine Sorge,
ihr müsst nicht alles zu Fuß laufen, denn
die Traditionsbahnen „Standseilbahn" und
„Zacke" sorgen für Entlastung und Nostal-
gie-Bahn-Genuss pur.

Marienplatz Stuttgart

blauer Strumpf

Ausgangspunkt der Wanderung ist der Marienplatz in Stuttgart. Von hier aus erklimmt
ihr zackig die Stäffele bis zur Karlshöhe
hinauf. In einer scharfen Straßenkurve der
Humboldtstraße entdeckt ihr den ersten
blauen Strumpf, der euch durch die gesamte
Wanderung leitet. Hier geht's los auf den
„Blaustrümpflerweg". Wer nach dem ersten
Kilometer bereits eine Rast einlegen möchte,
kann dies in dem Biergarten mit Fernsicht
tun. Von hier aus führt der Weg nochmal
ein wenig hinab, durch eine Kleingartenan-
lage hindurch, bis ihr die Hasenbergsteige
erklimmt. Hier könnt ihr die ein oder andere
alte herrschaftliche Villa bestaunen, bevor
ihr den zweiten fantastischen Aussichtspunkt

**Anreise mit ÖPNV
zum Marienplatz**

**Biergarten auf der
Karlshöhe, am
Südheimer Platz
und am Marienplatz**

1 Marienplatz

2 Biergarten auf der Karlshöhe

3 Aussichtspunkt über Stuttgart West

4 Aussichtspunkt über Stuttgart Süd

5 Seilbahn

6 Waldfriedhof

7 Aussichtspunkt

8 Zacke

dieser Wanderung, den „Hasenberg", erreicht. Kurz darauf gelangt ihr auf den blauen Weg, dem ihr entlang verwunschener Gärten lange folgt. Habt ihr gewusst, dass Stuttgart so grün ist?

Immer wieder lohnt sich ein kurzer Stopp, um den Blick ins Tal und hinauf zum Fernsehturm nach Degerloch schweifen zu lassen. Den blauen Strümpfen folgend wandert ihr weiter durch den Wald hinab zu einen kleinen Spielplatz mit Skatepark, der sich für eine weitere Rast anbietet. Im Wald müsst ihr auf Biker aufpassen, denn es befinden sich hier zahlreiche Trails. Über den Elsterweg gelangt ihr zum Südheimer

Quer duch den Degerlocher Stadtwald ▶

Platz, auf dem sich ein weiterer Spielplatz und erfrischende Wasserspiele befinden. Nicht weit von hier fährt die Stuttgarter Traditionsseilbahn alle 20 Minuten (zwischen 9:10 und 17:50 Uhr) hinauf zum Waldfriedhof. Die Holzbahn ächzt und knarzt ganz schön, wenn sie den Berg hinaufkraucht. Oben angekommen ist die Luft deutlich kühler und klarer als im Kessel, und ihr wandert entlang des Waldfriedhofes, auf dem man früher die Elite Stuttgarts zur letzten Ruhe bettete. Nun macht ihr einen Schlenker um den Dornhaldenfriedhof und taucht wieder ein in die herrlichen Wälder des Degerlocher Stadtwaldes, bis ihr schließlich nach Degerloch kommt. Nach ein paar hundert Metern wartet der nächste fantastische Aussichtspunkt „Schimmelhüttenplatz" auf euch. Weiter geht es zur Haltestelle „Haigst", wo die zweite Traditionsbahn in Stuttgart fährt: Die Zahnradbahn „Zacke", die euch wieder zurück zum Marienplatz bringt. Wer sich noch eine letzte Aussicht, diesmal auf Stuttgart Mitte, gönnen möchte, hat 100 Meter von der Haltestelle entfernt die Möglichkeit dazu. Unten am Marienplatz gibt es zahlreiche Einkehrmöglichkeiten.

Wer diese Wanderung hinter sich hat, ist zwar nach wie vor „neige-schmeckt", aber besitzt Ortskenntnisse und hat die Schönheit der Schwa-

benmetropole erlebt. Vergesst nicht euer schwäbisches „Veschber", eine Laugenbrezel für unterwegs. Wundert euch nicht, wenn es euch nach dieser Wanderung nach „Mauldäschle", „Linsa mit Saidewürschdle" oder nach einem „Vierdele" gelüstet.

EINE GESCHICHTE VERLEIHT DEM PFAD SEINEN NAMEN:

Die Bürger von Stuttgart-Heslach sollen im Jahr 1519 den vertriebenen württembergischen Herzog Ulrich verraten haben. Nach seiner Rückkehr strafte der Herzog die untreuen Heslacher Bürger und befahl ihnen, fortan mit blauen Strümpfen zur Sonntagskirche zu erscheinen. So kamen die Heslacher zu ihrem Spottnamen, ebenso der Stuttgarter-Kult-Wanderweg.

ALPAKA-TREKKING
Kulleraugenalarm

Um diese tierische Wanderung zu er-leben, ist eine Fernreise in die Anden nicht erforderlich. In Stuttgart-Unter-türkheim, im Schatten der Grabka-pelle von Königin Katharina, grasen tatsächlich Lamas und Alpakas.

Wer summt denn da am Fuße der Wein-berge? Ist es etwas der Geist von Königin Katharina selbst, die ihr Lied durch die herr-liche Landschaft in Stuttgart-Untertürkheim klingen lässt? Nein, Alpakas kommunizieren durch Summen. Mit den ellenlangen Wim-pern an ihren großen Kulleraugen klimpern die süßen Alpakas und Lamas und ziehen euch bestimmt augenblicklich in ihren Bann. Sie leben, neben Hühnern, Kaninchen und Meerschweinchen, auf einer kleinen Ranch am Fuße der Weinberge.
Wer denkt, dass die flauschigen Lieblinge so richtig durchgekuschelt werden können, der irrt. Alpakas sind sehr scheue und ruhige Tiere, deren Vertrauen man sich erst einmal verdienen muss. Längst nicht jedes Tier lässt sich Streicheleinheiten gefallen. Doch wenn man es geschafft hat, ist es umso schöner. Ganz weich gleitet das Fell sanft unter den Händen hindurch. Kein Wunder, dass so viele Kuschelsachen wie z. B. Bettdecken aus ihrem Fell hergestellt werden.
Nach einer kurzen Einführung durch einen Mitarbeiter der Ranch beginnt das Abenteuer auch schon. Jedes Kind (ab sieben Jahren)

 ca. 5 km

 **Württemberg Alpakas in Untertürkheim**

Guide führt euch

 ÖPNV: vom BHF Untertürkheim mit dem Bus 61 Richtung Rotenberg bis zur Haltestelle Aspen, 100 m zu Fuß bis zur Farm

 in Unterkürkheim und Aussichtslokale auf dem Rotenberg

SCHON GEWUSST?

Alpakas kann man optisch durch ihre Größe von Lamas unterscheiden. Lamas sind größer. Zudem besitzen Alpakas sog. Pfeilohren, Lamas „Bananenohren". Lamas und Alpakas können spucken, es ist eine Ausdrucksweise unter den Tieren. Gespuckt wird beispielsweise, wenn die Tiere sich untereinander ärgern oder Futterneid entsteht. Der Mensch steht nur manchmal in der Spucklinie, da der Warnschuss für den Artgenossen einfach erstmal nach vorne geht. Aber keine Sorge, wir sind verschont geblieben und ihr bleibt es bestimmt auch.

Schockverliebt in ein Alpaka ▶

darf sein eigenes Alpaka oder Lama am Strick führen. Langsam trotten die Tiere durch Stuttgart, die Menschen behutsam und ein wenig verliebt nebenher. Dabei erklären euch die erfahrenen Guides alles, was ihr wissen möchtet. Kurz darauf taucht ihr in die Weinberge ein und spaziert den Berg hinauf. Wer seinen Blick von den knuffigen Vierbeinern lösen kann, genießt die Aussicht über Stuttgart. Kaum zu glauben, dass ihr euch immer noch in der Großstadt befindet.

Stolz gehen die Kinder Schritt für Schritt mit ihren neuen Freunden durch die Weinberge, keine Anzeichen von Müdigkeit. Dafür strahlende Gesichter und hüpfende Herzen. Ob ihr diesen Kulleraugen und der Faszination, die diese Tiere ausstrahlen, widerstehen könnt? Findet es selbst heraus.

Die Strecke orientiert sich individuell an der Gruppe und dauert zwei Stunden. Je nach den Bedürfnissen der Teilnehmer werden mehr oder weniger Pausen eingelegt, verlängert oder verkürzt der erfahrene Guide die Route. Im Herbst, wenn sich das Laub bunt färbt, ist diese Wanderung noch herrlicher. Kinderwägen können grundsätzlich mit, wobei man dann leider nicht gleichzeitig ein Alpaka führen kann. Da die scheuen Tiere Fluchttiere sind, dürfen Hunde nicht mit auf die Tour.

Termine: www.wuerttemberg-alpakas.de

NEIDLINGER WASSERFALL

Einsame Riesen und Naturperlen

ca. 8 km

Wanderparkplatz
Braike in Neidlingen

Burgruine
Reußenstein,
Bahnhöfle und zum
Neidlinger Wasserfall

Wechselkleider
und Ferngläser
nicht vergessen

in Neidlingen

*Träumt euch hinein in die sagen-
umwobene Welt des schwäbischen
Biosphärengebiets, erweckt die Ritter
und Riesen in euch! Bei den Neidlinger Wasserfällen seid wachsam:
Graugnome, Wilddruden und Rumpelwichte oder Ronja Räubertochter
höchstpersönlich könnten euch hier
über den Weg laufen.*

Vom Wanderparkplatz Braike in Neidlingen
wandert ihr zunächst bergauf durch herrliche
Streuobstwiesen. Zahlreiche Kirschbäume
versprühen, besonders zur Blütezeit im
Frühjahr, ihren romantischen Charme. Immer den Berg hinauf geht's weiter durch den
Wald, das erste Ziel, die Burgruine Reußenstein, im Blick. Die Wanderung, die zunächst
gemütlich beginnt, entwickelt sich bald zum
abenteuerlichen Workout-Programm. Ker-
nige Steigungen, schmale naturbelassene
Pfade und serpentinenartige Wege erfordern
eine gute Fitness und Trittsicherheit. Auf
der Wanderung werden insgesamt 642
Höhenmeter überwunden. Doch es lohnt
sich: Wilde Buchenwälder, in denen immer
wieder große Felsbrocken liegen, sorgen für
ein spektakuläres Naturerlebnis. Ungefähr
zwei Kilometer vom Ausgangspunkt entfernt
erreicht ihr den ersten Höhepunkt der Tour:
Die Burgruine Reußenstein, die sich auf
einer steilen Felsklippe am Albtrauf auf
760 Metern über dem Tal erhebt. Neben

Aussichtspunkt am Albtrauf in der Nähe der Burgruine Reußenstein ▶

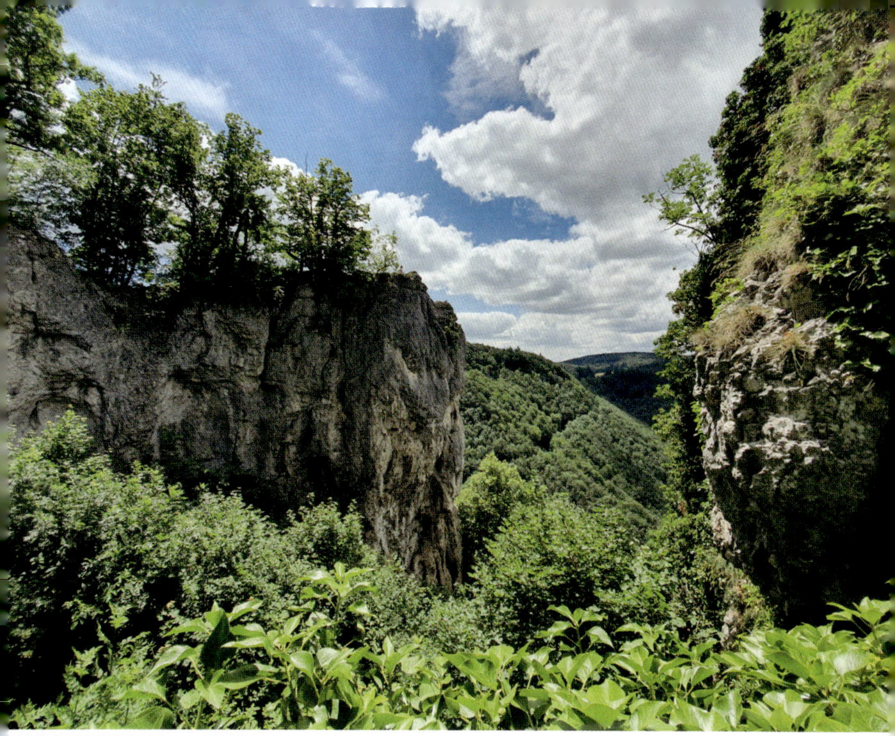

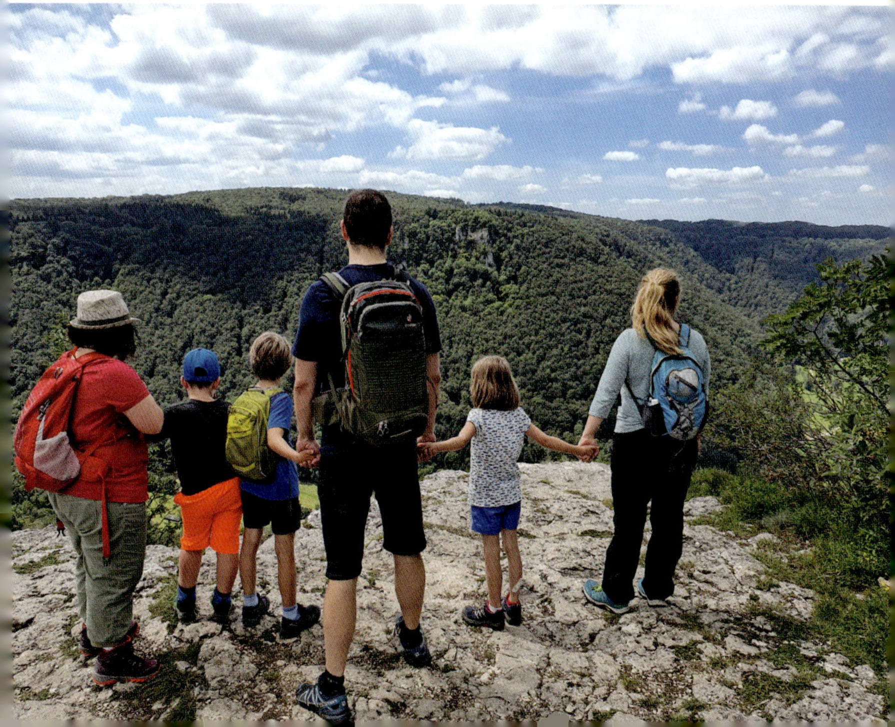

① abenteuerlicher Aufstieg durch den Wald   ③ Neidlinger Wasserfall
② Ruine Reußenstein   ④ Grillplatz

einer phänomenalen Aussicht fasziniert Kinder vor allem der Kerker der Burgruine. Eine magische Anziehungskraft scheint von den schroffen Karstfelsen auszugehen. Aber Vorsicht: Hier besteht Absturzgefahr. Haltet also ausreichend Abstand zum Abgrund.

SAGE VON WILHELM HAUFF:

Der Riese Heim vom Heimenstein wollte nicht länger in seiner Höhle hausen und sich eine Burg auf dem gegenüberliegenden Berg Reußenstein bauen, um eine Gemahlin und Gesellschaft zu finden. Doch leider verfehlte er beim ersten Mal den Berg, trat daneben und rutschte ab. Er blieb im sumpfigen Boden stecken, und als er sein Bein herauszog, entsprang an dieser Stelle ein Bächlein, die Lindachquelle, die den Neidlinger Wasserfall speist. Ein Happy End gibt es trotzdem: Beim zweiten Mal überwand der Riese das Tal und baute sich auf dem Reußenstein seine Burg.

Inzwischen sind zahlreiche Tier- und Pflanzenarten hier zu Hause. Von der Burgruine aus könnt ihr den gegenüberliegenden Heimenstein, die einstige Heimat des Riesen, gut sehen. Dem Löwenpfad „Filsursprungrunde" folgend, wandert ihr zum „Bahnhöfle", der eigentlich kein Bahnhof ist, aber dafür eine Grillstelle bietet. Von hier aus führt der Weg entlang des herrlichen Buchenbannwaldes bis zu einer kleinen Brücke. Im Sommer ist, aufgrund des niedrigen Wasserstandes, nicht immer gleich zu erkennen, dass diese über den Zulauf des Neidlinger Wasserfalls führt. Ihr seid bereits mittendrin. Was rauscht und plätschert denn da? Moosbewachsene Felsen, die wie Perlen den Berg hinabkullern, sprudelndes Wasser, das sich hier und da zeigt. Der Beweis ist vollbracht: Ihr seid auf der richtigen Fährte zum Neidlinger Wasserfall. Im Sommer fließt nur sehr wenig Wasser hinab, dafür kann man die beiden höhlenartigen Quellaustritte der Lindach aus nächster Nähe bestaunen. In dieser mystischen Landschaft wäre es nicht verwunderlich, wenn plötzlich Graugnome, Wilddruden und Rumpelwichte oder Ronja Räubertochter den Weg queren würden.

Von der Bank hinter der Brücke aus kann man den ersten Blick auf den kleinen, aber umso geheimnisvolleren Neidlinger Wasserfall werfen.

Voller Vorfreude stürmen die Kinder die steilen und rutschigen Naturpfade zunächst den Berg hinab voran. Barfuß erklimmen sie die Steigung und können es kaum erwarten, ihre Köpfe in den Wasserfall zu halten. Aus circa sieben Metern fällt das Wasser über eine wachsende „Nase" aus Kalktuff und Moose hinab und rauscht über bemooste Kalksteinterrassen weitere 45 Meter ins Tal hinab. Nach der erfrischenden Abkühlung geht's wieder zurück auf den Wanderweg, der bald den Wald verlässt und wieder durch die Streuobstwiesen führt. Eine Grillstelle am Bach lädt zum Rasten und Verweilen, bevor ihr auf dem ebenen Weg zurück zum Wanderparkplatz gelangt.

Tipp: Der Wasserfall führt im Sommer wenig Wasser, kann sogar versiegen. Wechselkleidung nicht vergessen.

Information: Nach Regenfällen und im Herbst und Winter entwickeln sich die schmalen Naturpfade schnell zur gefährlichen Schlitterbahn. Steile Abhänge direkt neben den Wegen erfordern Trittsicherheit und festes Schuhwerk.

WASSERFALL BAD URACH
Wasserfallgenuss und Burgverliese

Diese abwechslungsreiche Rundwanderung führt euch zum gigantischen Uracher Wasserfall, durch das Biosphärengebiet Schwäbische Alb und zur beeindruckenden Burgruine Hohenurach.

5 km, alternativ 13 km

Wanderparkplatz P 23, Maisental, Haltestelle Bad Urach Wasserfall

Weg 8, Uracher Wasserfall, Wasserfallhütte, Rutschenfelsen, Kreuzhütte, Burgruine Hohenurach, Maisental

Der Weg zum Wasserfall ist stark frequentiert

Biergarten am Wanderparkplatz und in Bad Urach

Auf dem Rundweg Uracher Wasserfall im UNESCO Biosphärenreservat Schwäbische Alb erwarten euch gleich mehrere Highlights aus den Bereichen Natur und Kultur. Ausgangspunkt der Wanderung ist der Wanderparkplatz Maisental (P 23) am Fuße des Schlossberges. Die Wanderung startet auf dem Wanderweg 8 und beinhaltet die Besichtigung der Burgruine Hohenurach. Zunächst folgt ihr dem beschatteten „unteren Wasserfallweg" entlang des Buchenmischwaldes durch ein Wasserschutzgebiet zum Wasserfall. Nach ein paar hundert Metern stößt der Brühlbach zum Weg hinzu und verläuft ein Stück parallel zum Spazierweg. Das eiskalte Wasser sprudelt wild und wäscht das Bachbett aus, sodass bizarre Kunstwerke aus Stein, Wurzeln und Fels entstehen. Viele kleine Wasserfälle machen schon jetzt Lust auf mehr.

Irgendwann versiegt der Bach, und ihr könnt ein leeres Bachbett bestaunen.

Auf einem ausgebauten Naturpfad führt eine manchmal überspülte Steintreppe entlang eines Wurzelkunstwerkes zum ersten

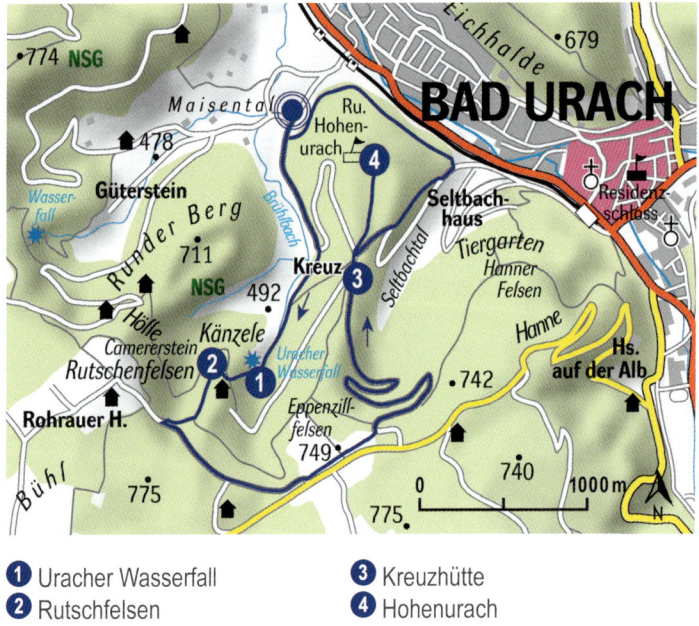

1 Uracher Wasserfall
2 Rutschfelsen
3 Kreuzhütte
4 Hohenurach

Highlight der Strecke: der sicherlich schönste Wasserfall in Baden-Württemberg. Aus 37 Metern stützt das Wasser des Bad Uracher Wasserfalls vom Fels ins Tal hinab. Doch damit nicht genug! Weitere 50 Meter rauscht das Wasser über bemooste Kalktuffpolster weiter den Abhang hinunter. Die Wassermenge schwankt zwischen 70 und 420 Litern pro Sekunde. Da staunen nicht nur die kleinen Wanderer. Auch Erwachsene bewundern dieses Kunstwerk der Natur ehrfurchtsvoll. Vom Wasserfall aus könnt ihr dem Wegweiser „bewirtete Wasserfallhütte" folgen und hier auf einem kleinen Plateau eine Rast einlegen. Auch der Brühlbach, der sich später als mächtiger Wasserfall ins Tal ergießt, wirkt hier noch behäbig und unscheinbar.

Wer nicht so weit wandern möchte, dreht beim Wasserfall einfach um und wandert die gleiche Strecke wieder zurück (insgesamt circa fünf Ki-

Wahrzeichen der Stadt Bad Urach: die Burgruine Hohenurach ▶

lometer). Diejenigen von euch, die noch mehr erleben möchten, wandern durch den herrlichen Wald am Rutschenfelsen vorbei bis zur Burgruine Hohenurach. Hier sind viel weniger Menschen unterwegs und ihr könnt euch ganz auf die Schönheit der Natur besinnen.

An den gigantischen Karsthölen der Tuffsteinwand vorbei folgt ihr dem Wanderweg 8, der um die Burgruine herumführt. Auf dem Weg liegt die Grillstelle Kreuzhütte, die sich für eine Rast anbietet. Kurz darauf verlasst ihr den Rundkurs, und nehmt einen kernigen Anstieg und gelangt so

SCHON GEWUSST?

Die Burg wurde im 11. Jahrhundert von den Grafen von Urach errichtet und im 16. Jahrhundert durch die Herzöge von Württemberg zur Landesfestung ausgebaut. Ab dem 16. Jahrhundert befand sich auch das Staatsgefängnis in der Burganlage, was man heute noch an den Verliesen erkennen kann. Im Jahr 1765 zerstörte Herzog Carl Eugen die Burganlage. Die Steine wurden in der Stadt Bad Urach zum Häuserbau verwendet und die Burgruine wurde zum Wahrzeichen Bad Urachs.

auf den 692 Meter hohen Schlossberg zur Festungsanlage Burgruine Hohenurach.

Drei Vorhöfe, dunkle, geheimnisvolle und ein wenig gruselige Keller und eine unvergleichliche Aussicht, der Anstieg hat sich gelohnt!

Durch den Wald führt der Weg zurück zum Wanderparkplatz. Ihr könnt entweder denselben Weg zurück einschlagen, dieser ist auch bei Regen zu bewandern. Bei trockenem Wetter empfehlen wir den abenteuerlicheren Abstieg über den Alternativpfad bis zurück zum Parkplatz. Direkt neben diesem lädt ein Biergarten mit Klettergerüst und Tretbecken zu einen gemütlichen Ausklang der Wanderung ein.

RÖMERSTEIN
Ponyreiten, Römerturm und Höhlenspaß

Das Glück der Erde liegt auf dem Rücken der Pferde oder doch tief in der Erde verborgen? Wenn ihr das Biosphärengebiet Schwäbische Alb auf eine der schönsten Weisen erkunden möchtet, ist ein Spaziergang mit den frechen Ponys genau das Richtige für euch.

In Römerstein-Böhringen, in der Nähe des Römersteinturms, könnt ihr euch auf dem Ferienhof Schepper gegen eine Gebühr ein Pony ausleihen und auf eigene Faust die raue und wunderschöne Hochfläche der Schwäbischen Alb erkunden. Pro erwachsener Begleitperson könnt ihr ein Pony führen. Ein wenig Durchsetzungsvermögen ist schon gefragt, denn die verfressenen Vierbeiner lieben das Gras, das am Wegesrand wächst. Denkt auf jeden Fall an einen Helm zum Reiten (auch ein Fahrradhelm ist ausreichend).
Durch Dinkelfelder, Bienenweiden oder ein Stücken durch den Wald – führt die Ponys einfach, wohin es euch am meisten lockt.

 variabel

 Ferienhof Schepper, Elbeweg 30, Römerstein-Böhringen

 wählt euren Weg selbst

 Helm oder Fahrradhelm mitbringen

 in Römerstein und Westerheim

SCHON GEWUSST?
Ponys sind Pferde mit einem Stockmaß (vom Boden bis zum Widerrist, eine erhöhte Stelle zwischen Rücken und Hals) von maximal 1,48 Meter. Pro Stunde frisst ein Pony circa 2,5 kg Gras (wenn man es lässt).

Mit dem Auto erreicht ihr ihr von Böhringen in wenigen Minuten den Wanderparkplatz zum Römersteinturm in Römerstein-Donnstetten. Hier befindet ihr euch am höchstgelegenen Ort des Landkreises (874 Meter). Der Römersteinturm liegt circa ein Kilometer vom Wanderparkplatz entfernt tief im Wald. Von ihm aus genießt ihr eine tolle Aussicht über den Maarkessel, dessen Rand im Osten von Donnstetten erhalten ist und sich halbkreisförmig bis zum Turm hinaufzieht. Westlich des Ortes befinden sich noch drei weitere Vulkanstellen.

Nach der gigantischen Aussicht gehts weiter zum anerkannten Luftkurort Westerheim. Wenn ihr ausreichend Frischluft geschnuppert habt, könnt ihr klare, acht Grad kühle Höhlenluft tanken. An Sonntagen (in den Ferien auch öfter) könnt ihr in Westerheim in eine der schönsten Tropfsteinhöhlen auf der Schwäbischen Alb, die Schertelshöhle, hinabsteigen. Bis zu 24 Meter tief führen 212 Meter lange Gänge entlang faszinierender Tropfsteinformationen. Beeindruckende Stalaktiten und Stalagmiten lassen

euch staunen. Die Schönheit dieser Höhle krönt das „Guckloch zum Himmel" (eine Doline) in der Deckenhöhle, in das pünktlich um zwölf Uhr mittags die Sonne in die Höhle hineinscheint. Atemberaubend!

SCHON GEWUSST?

Tropfsteine entstehen, wie der Name schon sagt, durch Wassertropfen. Gelöste Mineralien, i. d. R. Kalk, formen so über tausende von Jahren Tropfsteine. Es gibt zwei Sorten: Stalagmiten und Stalaktiten. Stalaktiten wachsen von der Höhlendecke Richtung Boden und ähneln Eiszapfen, Stalagmiten wachsen andersherum, vom Boden nach oben.

Tipps: Da es auf der Schwäbischen Alb zu schön ist, um gleich wieder nach Hause zu fahren, empfehlen wir euch eine Safari-Zeltlodge (oder andere Mietunterkunft) auf dem Alb Campingplatz in Westerheim. Im Safarizelt fühlt man sich wie am „Albazonas". Der Campingplatz besitzt neben einem Freibad und einer kleinen Halfpipe, einen Spielplatz, ein Restaurant und einen Campingmarkt.

In Römerstein-Donnstetten könnt ihr den Berg hinabsausen. Mit bis zu 40 Stundenkilometern auf der 1160 Meter langen Ganzjahresbobbahn und bei Schnee mit Skiern und Snowboards (Skilift).

Mehr Informationen zum Ponyreiten: www.ferienhof-schepper.de

Tropfsteine in der Schertelshöhle ▶

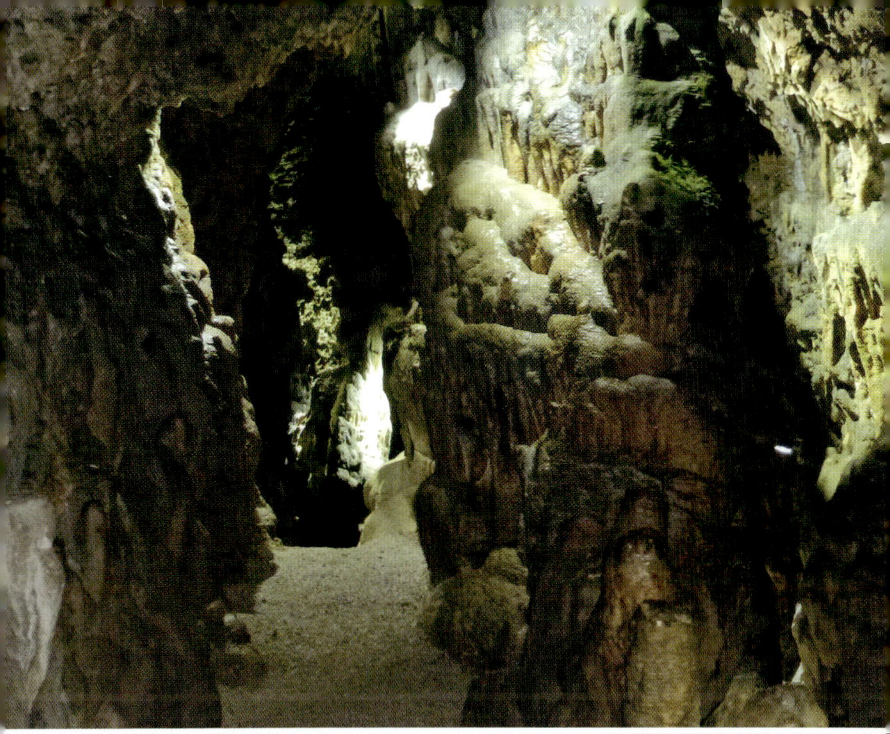

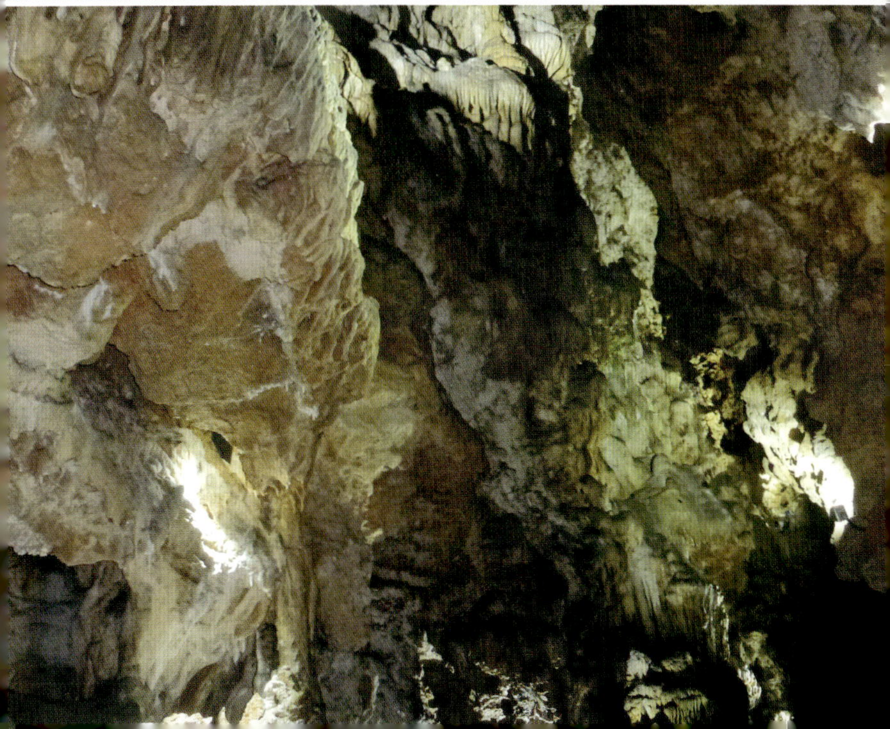

ESELWANDERUNG AUF DER SCHWÄBISCHEN ALB
Von schlauen Eseln und Nomaden

ca. 5 km

Hofgut Hopfenburg,
Hopfenburg 12,
Münsingen

ein Guide führt euch

Ideal für einen
Kurzurlaub

in Auingen und
Münsingen

Wer immer noch glaubt, dass Esel dumme Tiere sind, kennt die wuscheligen Vierbeiner noch nicht persönlich! Im Herzen des Biosphärengebietes Schwäbische Alb wandert ihr mit den cleveren Eseln entlang von Wachholderheiden, Streuobstwiesen, durch Buchenwälder und um den Beutenlay.

Bevor es losgeht, könnt ihr die beiden Esel Sina und Casimir bei der Fellpflege kennenlernen und euch gegenseitig beschnuppern. Dann trotten die Esel auch schon los. Eure Guides helfen euch dabei, das Verhalten der Esel zu verstehen, und beantworten all eure Fragen.

Rund um den Fuß des 800 Meter hohen Beutenlays genießt ihr die Aussicht auf die ursprünglichen Wachholderheiden. Diese werden nur ein- bis zweimal jährlich von Schafherden beweidet, damit sie ihre ursprüngliche Gestalt beibehalten. Da Schafe Feinschmecker sind und nicht alles fressen, könnt ihr so Silberdisteln, blauen Enzian, viele Kräuter und zahlreiche Blumen finden. Diese ziehen wiederum Schmetterlinge wie den Schwalbenschwanz und seltene Vogelarten an. Ein Stückchen wandern die Esel durch den Wald, in dem ihr die majestätischen Rotbuchen bestaunen könnt. Eine

Poitou-Esel Beppo und Robin ▶

sehr abwechslungsreiche Wanderung, auf der ihr die Vergangenheit und das Biosphärengebiet in tierischer Begleitung erkundet. Die Guides passen die Wanderung euren persönlichen Voraussetzungen (Kinderwagen, Gehbehinderung), dem Wetter und der Laune der Esel an.

SCHON GEWUSST?

Manche Menschen verwenden das Schimpfwort „Du dummer Esel", obwohl Esel das Gegenteil von dumm sind. Die schlauen Vierbeiner haben gute Nasen und große Ohren, die ihnen bei der Orientierung in der Steppe und nun auch auf der Schwäbischen Alb helfen. Wenn sie etwas Ungewohntes bemerken, fliehen sie nicht, sondern bleiben stehen. Sie sind im Gegensatz zu Pferden nämlich keine Fluchttiere. Ihr Verhalten hat also nichts mit Dummheit oder Starrsinn zu tun, sondern mit Vorsicht.

Daumen hoch: Ein Teil der Einnahmen der Eselwanderungen fließt in ein soziales Projekt.

Tipp: Wer noch mehr Alb-Highlights erleben möchte, dem empfehlen wir die Übernachtung auf der Hopfenburg. Auf dem ehemaligen Hopfen-Hof erlebt ihr naturverbundenes Glamping (Camping und Luxus) mit einer ordentlichen Portion Abenteuer. Ob in den original kirgisischen Jurten aus Schafsfilz, in Tipis, in Safari-Zelten oder im Zirkuswagen – dieser außergewöhnliche Campingplatz bietet genau die richtige Unterkunft für jeden Geschmack. Zahlreiche Fledermäuse siedeln sich aufgrund des großen Nahrungsaufkommens von Libellen und anderen Insekten rund um die Hopfenburg an. Bei vielen MachMit-Aktionen wie z. B. einer Fledermausführung könnt ihr nachts die „Herrscher der Nacht" beobachten. Nicht nur die Menschen finden auf der Hopfenburg ihr Glück, vom

Tipis und Kirgisische Jurten in der Dämmerung ▶

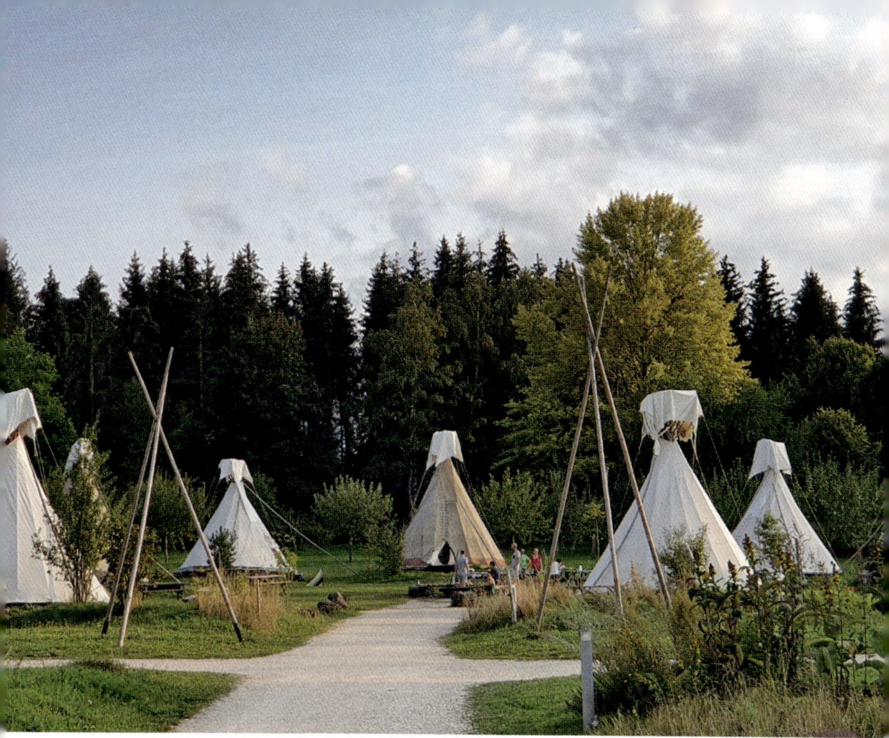
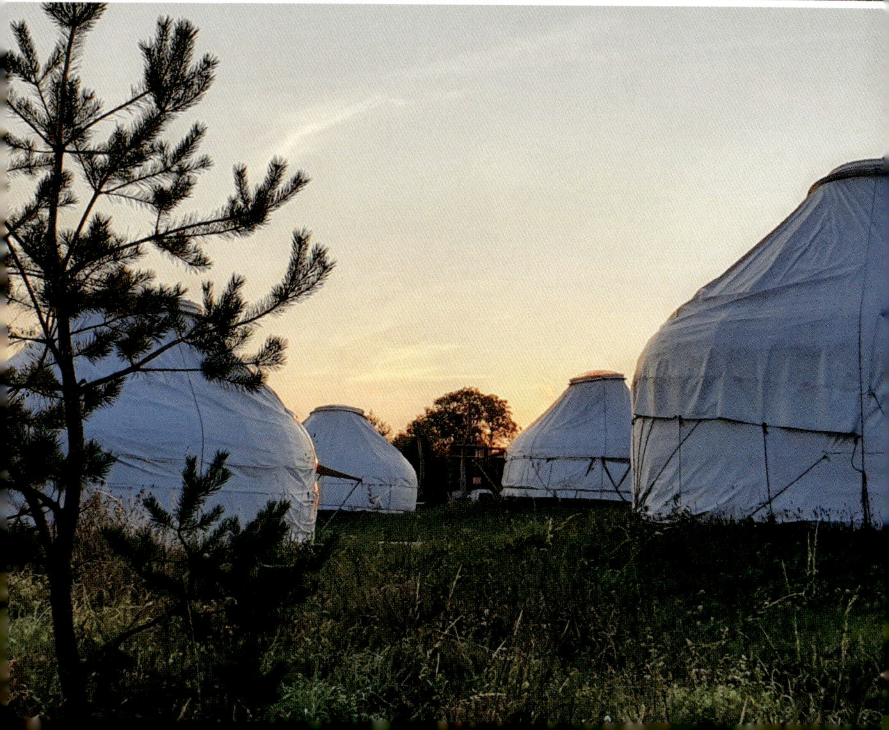

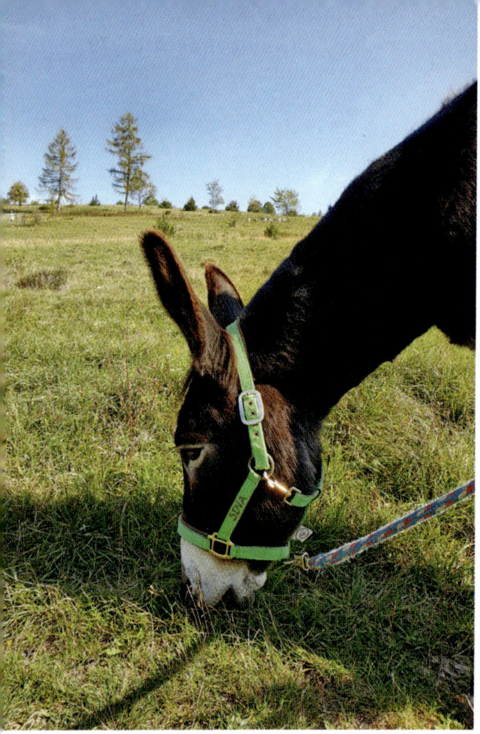

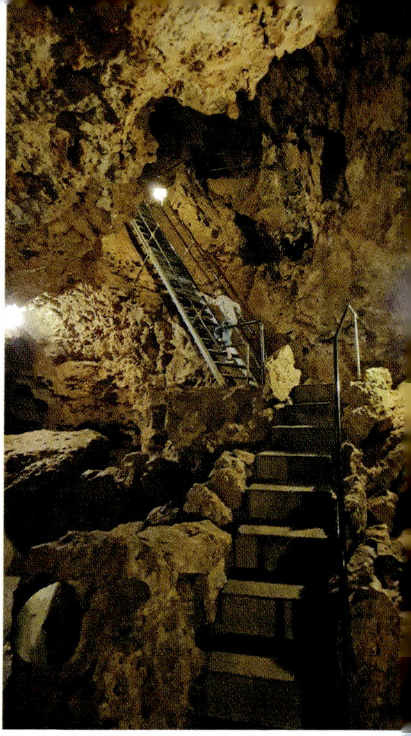

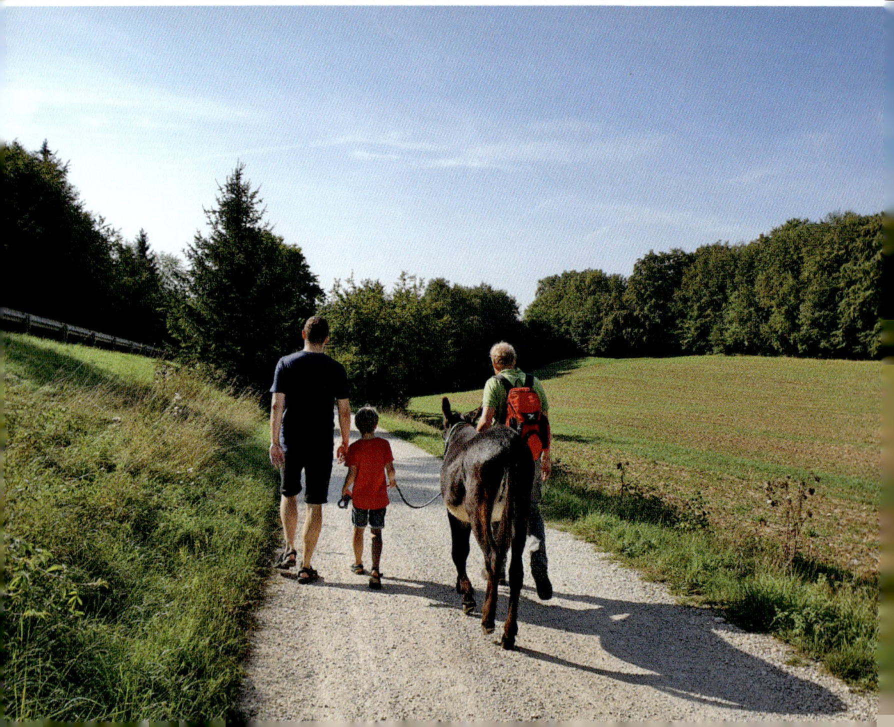

Aussterben bedrohte Haustierarten, wie die Waldschafe, die Poitou-Esel und Hinterwälder Kühe fühlen sich auf dem Arche-Hof pudelwohl. In der großen Hofscheune könnt ihr gemeinsam mit anderen Familien frühstücken und zu Ferienzeiten auch zu Abend essen. Alternativ grillt ihr in einer der Grillhütten auf dem Hofgelände. Die Spielplätze sind natürlich angelegt und bieten sehr viel Freiraum für Fantasie. Bei Regen können sich Kinder in der Spielscheune austoben oder im Spiel- und Lesezimmer aufhalten. Im Hofladen könnt neben vielen selbst gemachten Produkten den eigenen köstlichen Apfelsaft erwerben.

Tipps: Direkt vom Hofgut Hopfenburg startet der Premiumspazierwanderweg „hochgehhütet", der zu den „hochgehbergen" gehört. Auf diesem vier Kilometer langen Wanderpfad erkundet ihr das Naturreservat nicht nur um den Beutenlay herum, sondern auch über diesen hinaus. Diese Wanderung ist genau das Richtige für alle, die sich nach Entschleunigung und Ruhe sehnen. (Ausgangspunkt: Wanderparkplatz Hopfenburg, Münsingen)

Die Tiefenhöhle in Laichingen befindet sich circa 20 Minuten mit dem Auto von der Hopfenburg und circa 15 Minuten vom Campingplatz Westerheim entfernt. Sie ist mit 87 Metern die tiefste für Besichtigungen geöffnete Schachthöhle in Deutschland.

Zum Wandern oder Biken empfehlen wir euch eine Runde über dem ehemaligen Truppenübungsplatz im Biosphärengebiet Schwäbische Alb. Wenn ihr euch auf dem Gelände aufhaltet, beachtet unbedingt die Sicherheitshinweise und bleibt auf den ausgewiesenen Wegen.

Die Eselwanderung, die Übernachtung, die Fledermauswanderung und weitere Veranstaltungen bucht ihr über die Internetseite der Hopfenburg: www.hofgut-hopfenburg.de/machmit

FELSENMEER IM WENTAL
Auf dem Meeresgrund

ca. 5 km

Wanderparkplatz
gegenüber des
Landhotels Wental
an der L 1165
in Essingen

wählt euren Weg
selbst durch das
Felsenmeer

Am Wochenende
ist der schmale
Spazierweg sehr gut
besucht

am Wanderparkplatz

Das Felsenmeer im Wental ist eine geologische Besonderheit, die vor rund 150 Mio. Jahren zu Zeiten der Dinosaurier entstand. Zunächst zog sich das Jurameer zurück, und ein Fluss, die Wedel, blieb. Dieser grub sich immer tiefer ins Tal, bis dieser schließlich auch versickerte. Sagenhafte 30 zerklüftete Dolomitenfelsen ragen in den Himmel empor. Vielleicht entdeckt ihr im Gestein Spuren der Vergangenheit?

Auf der Albhochfläche blieb ein Trockental zurück mit bizarren Karstfelsen, die sich im Bereich des Felsenmeeres anhäufen. Ihr wandert also auf echtem Meeres- und Flussgrund.

Diese unglaubliche Kulisse bietet vielen Pflanzen- und Tierarten eine Heimat. Diese gilt es besonders zu schützen, weshalb das Wental zum Naturschutzgebiet erklärt wurde. Zwischen den bizarren Felsformationen schlängelt sich der barrierefreie Spazierweg hindurch, der sich auch wunderbar für Laufräder und Kinderwagen eignet.

Dies ist keine Wanderung, auf der ihr viele Kilometer zurücklegen werdet. Das Felsenmeer ist ein gigantischer Naturspielplatz, den Kinder meist nicht verlassen möchten. Klettern, die Aussicht genießen, geheimnisvolle Höhlen erkunden, Spuren der Vergangenheit

Dolomitenfelsen im Felsenmeer im Wental ▶

suchen oder einfach nur staunen und genießen, hier vergehen Stunden wie im Flug. Zwei Grillstellen laden zudem zum Verweilen und Grillen ein. Wer noch ein wenig laufen möchte, dreht eine Tour durch den Wald und endet wieder am Felsenmeer. Das gegenüberliegende Landhotel bietet Eis und Speisen an. Einem Picknick im Felsenmeer steht also nichts im Wege.

Tipp: Ganz in der Nähe befindet sich ein weiteres geologisches Phänomen: ein Meteoritenkrater, in dem Steinheim am Albuch liegt. Der 20 Kilometer lange Meteorkrater-Rundwanderweg ist etwas für Fortgeschrittene, aber sehr empfehlenswert.

STOCKBROT

ZUTATEN
500 g Weizenmehl • 0,3 l warmes Wasser • 4 EL Öl
1 Päckchen Hefe • 1 Prise Salz

Alle Zutaten werden zu einem homogenen Teig verknetet. Für mindestens eine Stunde abgedeckt ruhen lassen.

Suche dir einen Haselnuss-Stock mit einer Länge von mindestens 1,5 bis 2 Meter. Entrinde die Spitze des Stockes mithilfe eines scharfen Schnitzmessers.

Nimm eine Handvoll Teig und rolle eine dicke Wurst daraus.

Klemme dir deinen Stock zwischen die Knie, dann hast du die Hände zum Arbeiten frei und dein Stock ist stabil. Stülpe die Mitte der Teigwurst über die Stockspitze.

Wickle den Teig um den Stock, überkreuze die Teigenden dabei mehrfach und drücke den Teig fest an deinen Stock.

Setze dich mit ausreichend Abstand zum Lagerfeuer und backe dein Stockbrot über dem Feuer. Drehe es dabei regelmäßig, sodass es von allen Seiten gleichmäßig röstet.

Dass das Stockbrot fertig ist, erkennst du daran, dass es sich ganz einfach vom Stock lösen lässt.

Am besten schmeckt es warm und frisch. Du kannst es direkt vom Stock abknabbern oder dir einen Hotdog daraus zubereiten, indem du eine Wurst ins Brot steckst. Mit der Kräuterbutter von Seite 44 schmeckt das Stockbrot umso besser.

Lasst es euch schmecken!

ERLEBNIS-PFADE

BARFUSSPFAD IN ÖTISHEIM

Fußmassage De luxe

1,4 km

Was kitzelt und piekst denn da? Auf diesem Pfad erlebt ihr eine Fußmassage für Fortgeschrittene.

Naturfreundehaus in Ötisheim

Der längste und abwechslungsreichste Barfußpfad in Baden-Württemberg befindet sich im Kohlplattenwald in Ötisheim. Auf dem 1,4 Kilometer langen Barfußpfad werden geschundene Füße so richtig verwöhnt, gekitzelt, gepikst und stimuliert. Gönnt euren Füßen ein Bad in Zapfen, Sand, Kies und Matsch und aktiviert den natürlichen Tastsinn der Füße von Neuem! An 20 verschiedenen Erlebnisstationen bietet dieser Pfad tolle Reize und Erfahrungen für die Füße, von denen eine aufregender ist als die nächste. Doch nicht nur die nackten Füße sind gefragt, Treppen aus Bäumen und Balancierbalken sorgen für Klettervergnügen. Das absolute Highlight für die meisten Kinder ist die kleine Schlammstrecke und das recht tiefe Kneipp-Becken. Wann darf man sich schon mal so richtig einsauen wie kleine Ferkel? Aber Vorsicht, besonders im Sommer sind auch Wespen und Bienen durstig und sitzen gerne in den Pfützen und an den Wasserstrecken.

Direkt am Eingang des Barfußpfades neben dem Naturfreundehaus in Ötisheim befindet sich ein großer Spielplatz und eine Fußwaschstation. Der Barfußpfad ist vom 1. Mai bis zum 31. Oktober täglich von 7 Uhr

Barfußpfad

Ideal auch für jüngere Kinder

Das Naturfreundehaus ist So. nachmittags bewirtschaftet, sonst in Ötisheim

◀ **Der Barfußpfad führt durch abwechslungsreiche Stationen**

bis 21 Uhr geöffnet. Hunde und Kinderwägen können leider nicht mit und warten auf dem Spielplatz beim Naturfreundehaus. Sonntags nachmittags bietet das Naturfreundehaus Kaffee und Kuchen sowie deftige Snacks an.

SCHON GEWUSST?

Beim Barfußlaufen hebt man die Füße automatisch ein Stückchen höher und schult die „Fußintelligenz". Dadurch baut man zusätzliche Fußmuskulatur auf und vermindert Fußfehlstellungen. Barfußlaufen wirkt sich auf den gesamten Körper positiv aus, und die Muskulatur in Beinen, Po und Rücken wird stimuliert und gestärkt. Zudem stärkt das Barfußlaufen das Immunsystem. Kaltes oder nasses Wetter ist also ideal, um ein Stückchen barfuß zu laufen. Inzwischen verkümmert der natürliche Tastsinn der Füße durch das ständige Tragen von Schuhen. Also: Schuhe aus und selbst spüren! Mit geschlossenen Augen könnt ihr euch noch besser auf die Fußsohlen konzentrieren.

HEILBRONN WALDERLEBNISPFAD
Von Druiden und Traktoren

4 km

Wanderparkplatz
Waldspielplatz
Heilbronn, Jägerhaus-
straße (kurz vor dem
Jägerhaus links),
alternativ Bushalte-
stelle Jägerhaus
Heilbronn

Sonne über Bäumen

A81 bis Heilbronn
Untergruppenbach,
auf L 111 durch Donn-
bronn, Jägerhausstraße
bis zum Parkplatz

Gasthaus mit
Biergarten

Könnt ihr weiter springen als ein Floh? Wisst ihr, wie sich ein Rotkehlchen anhört? Was kann man sonst noch im Wald hören und sehen? Kennt ihr sagenumwobene Druiden? Nein? Dann nichts wie ab nach Heilbronn!

Der in den 1970er Jahren angelegte Waldlehrpfad mit zahlreichen Informationstafeln wurde auf insgesamt 24 Erlebnisstationen erweitert und zum Walderlebnispfad ausgebaut. Das Ergebnis ist ein lehr- und abwechslungsreicher Rundweg auf circa vier Kilometer quer durch den Heilbronner Wald. Ausgangspunkt der Wanderung ist der Wanderparkplatz Waldspielplatz in Heilbronn. Von dort aus gelangt ihr über den Grillplatzweg auf den Walderlebnispfad zur Station Försterdreieck. Hier erfahrt ihr, wie die Förster die Baumhöhe bestimmen. Vorbei am Steinkreis „Heilbronner Friedenssteine" gelangt ihr zu einer Spitzkehre, wo ihr den abfallenden geteerten Böckinger Backenweg nehmt. Beim „Druidenhaus" erfahrt ihr mehr über die weisen, alten Waldhüter. Schade, dass es sie heute nicht mehr gibt. Weiter geht's vorbei am Baumtelefon, einem Jägerturm für Kinder und einem Holztraktor, der den Kindern die Arbeit der Waldarbeiter näherbringt. Der Böckinger Backenweg zieht sich den Berg auf einem breiten Schotter-

Elfe bei Sonnenaufgang ▶

weg wieder hinauf, vorbei an Baumwächter, Waldelfe und dem früheren Stadtförster Rapp. Zu einer kleinen Pause laden die „Träumerliegen" mit Fernsicht auf die Stadt Heilbronn und in die Baumkronen ein. Dem Weg weiter folgend gelangt ihr zum Jägerhaus, an dem sich ein großer, beschatteter Biergarten befindet, der sich für eine Rast anbietet. Wer lieber selbst grillen möchte, folgt dem Pfad weiter.

Beim Parkplatz Jägerhaus befindet sich der eigentliche Ausgangspunkt des Walderlebnispfades, und ihr könnt euch eine Übersichtskarte mitnehmen. Steigt einen steilen Pfad hinauf, der aufgrund der Treppenstufen und Wurzeln leider nicht kinderwagentauglich ist. Am Straßenrand muss die Treppe umfahren werden. Oben angelangt könnt ihr auf dem Bronnenklingenweg dicht beieinander liegende Stationen wie die riesige Baumscheibe „Jägerhauseiche" mit 333 Jahresringen, ein Waldxylophon, eine Vogelorgel und einen Adlerhorst entdecken und genießen. In der Weitsprunggrube könnt ihr testen, ob ihr genauso weit springen könnt wie ein Floh und euch durch ein Labyrinth durchkämpfen.

Die Waldkugelbahn führt auf einem ebenfalls nicht kinderwagentauglichen Weg hinab zum Försterturm und ist eine Abkürzung in beide Richtungen (50-Cent-Stücke mitbringen für den Kugelautomaten). Wer denselben Weg nicht noch einmal laufen möchte, lässt die Kugeln kullern und kommt einfach wieder zurück auf den Wanderpfad. Auf dem Spielplatzweg gelangt ihr zurück zum Waldspielplatz mit Rutsche, Balancierscheiben, Steinen und mehreren Grillstellen. Eine überdachte Schutzhütte bietet auch bei Regen Grillvergnügen.

Information: Ihr könnt den Walderlebnispfad auch wie ausgeschildert ab dem Wanderparkplatz Jägerhaus wandern. Da die Stationen dann zum Schluss hin weit auseinanderliegen und der Pfad den Berg hinauf verläuft, empfehlen wir die beschriebene Variante.

Tipp: Weiter geht's zur Burg Stettenfels in Untergruppenbach circa zwei Kilometer entfernt (kann nicht von innen besichtigt werden, davor befindet sich ein schöner Biergarten mit Fernsicht). Übernachtungsmöglichkeit am Familiencampingplatz Breitenauer See mit Spielplätzen und Badesee.

DACHSI NATURERLEBNISPFAD

Königreich Natur

Tief verborgen im Wald führt der lehrreiche Dachsi-Pfad durch das Naturidyll Finsterroter See mit seinem Sumpfland. An Wissensstationen erfahrt ihr viel über den Artenreichtum der heimischen Tier- und Pflanzenwelt.

 ca. 2,7 km

 B39 Ortsdurchfahrt Finsterrot, Parkplatz am Finsterroter See

 Dachsi

 Badesachen mitnehmen

 Biergarten am See

Der Dachsi NaturErlebnisPfad in Wüstenrot-Finsterrot führt auf einem circa 2,6 Kilometer langen Rundweg um den Finsterroter See. Der künstlich angelegte See wurde lange Zeit „Neuer See" genannt und ist heute teilweise verlandet. An elf Stationen geht's einmal rundherum. An den Stationen befinden sich ansprechende Wissenstafeln und Stationen, an denen ihr viel Interessantes über die heimische Tier- und Pflanzenwelt erfahrt. Durch „Ferngläser" suchen die Kinder Eichhörnchen, Wildschweine und natürlich Dachse. Das erste Teilstück des Wanderpfades verläuft quer durch den Wald auf schmalen und unbefestigten Pfaden, die mit Wurzeln durchzogen sind. Irgendwann schlängelt sich der Dachsbach parallel zum Weg. Hier sind Trittsicherheit und festes Schuhwerk empfehlenswert. Weiter führt der Pfad durch ein Naturschutzgebiet am verlandeten See, in dem sich viele Tiere wie z. B. Libellen und Schmetterlinge beobachten lassen. Auch Stechmücken fühlen sich hier pudelwohl. Daher sind lange Kleidung oder anderer Mückenschutz empfehlenswert.

Am Ende des Rundweges befindet sich eine Grillstelle mit einem Abenteuerspielplatz. Ein Kiosk bietet einfache Gerichte und Getränke, sowie Eis an. Zudem könnt ihr euch ein Tret- und Ruderboot mieten. Wie wär`s zum Abschluss der Wanderung mit einer kleinen Bootsfahrt über den See? Alternativ badet ihr im See oder buddelt ein wenig am Seeufer. Der Kiosk verleiht gegen Pfand „Entdeckerwesten", in denen sich alle Utensilien befinden, die ihr zum Erforschen der Umgebung benötigt.

Information: Für Hunde besteht auf dem Pfad Leinenpflicht. Das Baden im See ist auf eigene Gefahr.

Tipp: Auf dem dreizehn Kilometer entfernten 5-Sterne-Familiencampingplatz könnt ihr in Schlaffässern, Blockhäusern oder im eigenen Zelt auf der Familienzeltwiese oder im Wohnwagen übernachten. Neben abwechslungsreichen Spielplätzen, Familienbadezimmern und Duschen steht ein leckeres Restaurant zur Verfügung. Der Campingplatz befindet sich unmittelbar am Badesee, sodass eine Abkühlung im erfrischenden Nass oder eine Bootstour den Ausflug krönen könnten: www.breitenauer-see.de

HARDY-ERLEBNISPFAD
Waldkonzert und Mühlradabenteuer

ca. 2,5 km

Parkplatz Rohrtäle,
Steinheim a. d. Murr

Hardy

L 1115 zwischen
Steinheim, Aspach,
Großbottwar,
Kleinbottwar

in den umliegenden
Dörfern

Folgt Hardy, dem Hüter des Hardt-waldes, durch den Wald von Erleb-nisstation zu Erlebnisstation.

Nur zehn Minuten vom Wanderparkplatz entfernt startet der Hardy-Erlebnispfad, der auf einem 1,5 Kilometer langen Rundweg quer durch den Hardtwald verläuft. Der Weg zum Pfad ist gut ausgeschildert. Vom Parkplatz führt der kleine Pfad durch einen wilden, romantischen Wald. Wenn ihr auf den Forstweg stoßt, biegt ihr rechts ab. Nun ist es nicht mehr weit, bis auf der rechten Seite des Weges euer Walderlebnis mit Hardy startet.

Der Walderlebnispfad bietet 16 abwechslungsreiche Spiel- und Lernstationen, an denen ihr viel über den Wald und dessen Bewohner erfahrt. Dabei leitet euch Hardy, der Hüter des Hardtwaldes. Über kinderwagentaugliche Forstwege gelangt ihr zum Waldxylophon, mehreren Balancierbalken und Beobachtungsstationen und testet in einer Sprunggrube, wie weit ihr springen könnt. Unser Highlight ist der erfrischende Wasserspielplatz am Feuersee. Hier ist Teamwork gefragt. Mithilfe eines Seilzugs schöpft ihr das Wasser aus dem See in ein Gefäß, das sich in einen Trog ergießt. Von hier aus könnt ihr es mithilfe von Eimern oben am Hügel in die Holzrinne einfüllen. Schnell strömt eurer Wasser nach unten in

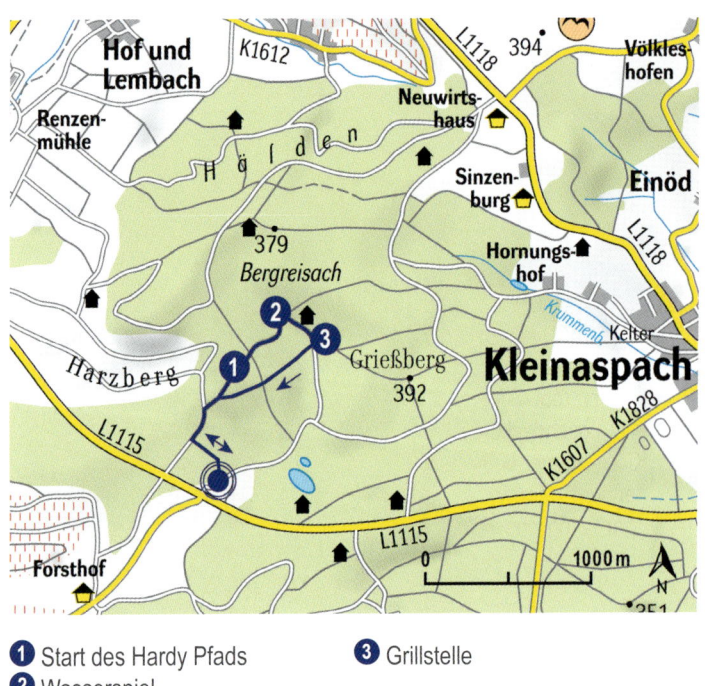

1 Start des Hardy Pfads   3 Grillstelle
2 Wasserspiel

den See zurück und dreht ein kleines Mühlrad an. Gelingt es euch, das Mühlrad anzutreiben?

Während die Kinder planschen und mit Wasser forschen, können die Eltern schon das Feuer in der Grillhütte schüren, denn dies ist der ideale Platz für eine längere Vesperpause. Genießt die Idylle des Feuersees und den herrlichen Hardtwald. Auf dem Rückweg erwarten euch weitere Balancierstationen, ein Waldsofa und eine Wurfstation. Wer schafft es, einen Tannenzapfen durch die Reifen zu werfen? An einer Tauzieh-Station könnt ihr euch ein kleines Familienduell liefern. Wer wohl gewinnt?

Der Walderlebnispfad ist sehr kurzweilig aufgebaut und die Stationen liegen dicht beieinander.

LAGERFEUER

Gibt es etwas Schöneres, als in die Glut zu starren, den züngelnden Flammen zuzuschauen, wie sie sich in den Himmel recken, während sich eine angenehme Wärme im Gesicht ausbreitet? Herrlich, nicht wahr?

Lagerfeuer faszinieren seit Jahrtausenden. Wer einmal gemeinsam um eines herum saß, der verspürt eine tiefe Verbundenheit.

WICHTIGE HINWEISE:

Nicht überall und jederzeit dürfen Feuer entfacht werden. Bäume und Sträucher müssen in einem Abstand von mindestens drei Metern wachsen. Bei starkem Wind (ab Stärke 6) gilt ein generelles Feuerverbot. Zur Sicherheit sollten Wasser, ein Feuerlöscher oder eine Löschdecke bereitgehalten werden. Ein Erwachsener sollte Kinder immer beim Feuermachen unterstützen. Im Hochsommer herrscht verstärkte Brandgefahr. Die Gemeinden informieren über mögliche Einschränkungen. Im Vorfeld Informationen einholen. Ein Feuer muss immer vollständig gelöscht werden, wenn man die Feuerstelle verlässt. Achtung! Die Glut benötigt sehr lange um abzukühlen. Vorsicht auch vor Funkenflug!

ANLEITUNG:

Feuer kann auf unterschiedliche Weisen entfacht werden: mit Feuerzeug und Streichholz oder durch Feuerschlagen und Feuerbohren. Wer sein Feuer mit eigenen Händen entfachen möchte, wird stolz sein und vermutlich kein Feuerzeug mehr verwenden.

Feuerschlagen: Man schlägt eisenhaltige Steine, z. B. Pyrit, gegeneinander, sodass Funken entstehen, mit denen man den Zunder entzündet.

Feuerbohren: Reibt man einen harten Holzstab auf einem weichen Stück Holz, entsteht Hitze. Dabei wird der Stab schnell zwischen beiden Handflächen gerollt. Mit viel Geduld und Übung wird die Hitze immer größer, sodass trockenes Moos entzündet werden kann. Mit dieser Glut wird der Zunder entfacht.

SINNESWANDELPFAD STUTTGART

Walderlebnis kompakt

1,3 km

Walderlebnisweg „Sinneswandel", Königsträßle 74, Stuttgart (Degerloch)

Sinneswandel

ÖPNV: U7 Richtung Ostfildern/Nellingen bis Haltestelle Waldau, von dort ca. 15 Min. zu Fuß

Café im Fernsehturm (ca. 2 km) und auf der Waldau

Genießt, begreift und erlebt das Naturphänomen Wald mit allen Sinnen. Unweit des Stuttgarter Fernsehturmes liegt im Schatten der Bäume das Haus des Waldes und der angrenzende Walderlebnispfad, „Sinneswandel".

Das Haus des Waldes ist ein modernes Informationszentrum mit ansprechender Mitmachausstellung zum Thema Stadt, Wald und Welt und darüber hinaus das Zentrum für Waldpädagogik und Umweltbildung in Baden-Württemberg. Viele spannende naturpädagogische Angebote bringen Familien den Wald auf vielfältige Weise näher. Durch die faszinierende Architektur hat man nicht das Gefühl, sich in einem Haus zu befinden. Ein gigantisches Glasdach erzeugt den Eindruck, als ob die Ausstellung bereits in den Wald eingebettet ist.

Wozu sind Bäume wichtig? Wie funktioniert Photosynthese? Die Antworten auf diese und weitere spannende Fragen erlebt und erfahrt ihr in der wunderschönen und lehrreichen Mitmachausstellung. Wer sich im Haus umfassend gebildet hat, begibt sich nun in den Wald. Direkt vor der Tür startet der „Sinneswandel", ein barrierefreier Walderlebnisweg, eine kurze aber erlebnisreiche Wanderung mit Wissensvermittlung.

Holz in seiner Vielfalt ▶

Produkte aus Holz und beeindruckende Holz-Kunstwerke ▶

Der Rundkurs führt 1,3 Kilometer mitten durch den Wald und bietet ein eindrückliches Walderlebnis. Auch Kinderwägen und Rollstuhlfahrer können auf dem barrierefreien Rundweg um das Haus des Waldes den Wald mit allen Sinnen erfahren und viel ausprobieren.

So vermitteln verschiedene Erlebnisstationen zu den Oberthemen Waldraum, Walderleben, Baumbegreifen, Baumwandel und Holzwege Wissen rund um den Wald. Informationen findet man in ausführlicher Version und für Kinder aufbereitet auf den Schautafeln.

Schärft eure Sinne und tastet euch mithilfe eines Seiles mit geschlossenen Augen durch den Wald. Lauscht dem Klang des Holzes, zählt die Jahresringe eines Baumes, wandert die Größe eines gigantischen Baumriesen ab und ruht euch auf dem Waldsofa aus. Bringt die Hölzer zum Klingen und lauscht dem dumpfen Klang des Holzes. Die Stationen liegen dicht beieinander und sind sehr abwechslungsreich gestaltet.

Die Nutzung des Waldes ist ein wichtiges Thema in der Ausstellung im Haus des Waldes und auf dem Sinneswandel-Pfad. Der Weg vom Setzling bis zum „fertigen" Baum wird sehr anschaulich dargestellt und verschiedenste Produkte gezeigt, die aus Holz gefertigt werden. Zum Schluss dürft ihr euren eigenen Wald bauen.

»Bau dir DEINEN Wald«

HERZOGLICHE KUGELBAHN

Lasst rollen!

Folgt den Kugeln entlang der abwechslungsreichen Kugelbahnen und erfahrt gleichzeitig Interessantes über Wald, Weinbau und das Haus Württemberg.

4 km
7 km

Sängerheim
Kernen-Stetten,
Sandacker 7

Kugelsymbol mit „K"

50-Cent-Stücke
mitnehmen

im Sängerheim
und in der Ortsmitte

Start der Kugelbahnen ist beim Sängerheim in Kernen-Stetten, wo ihr an Automaten Kugeln für 50 Cent pro Stück kaufen könnt. Der Weg ist gesäumt von 25 Spielstationen, von denen eine kreativer ist als die nächste. Insgesamt erwarten euch 800 Meter Rollvergnügen, verteilt auf eine circa zwei Kilometer lange Wegstrecke. Dabei taucht ihr in die Weinberge und in den Wald ein. Die kreativen und abwechslungsreichen Holzbahnen sind den Themen „Weinbau", „Wald" und dem „Haus Württemberg" gewidmet. Auf anschaulichen Infotafeln erfahrt ihr allerlei Wissenswertes. So rollen die Kugeln mit euch z. B. den gesamten Weg von der Traube bis zum fertigen Wein.

Dabei rollen die Kugeln, werden beim „Hau den Lukas" geschossen oder katapultiert, überwinden Hindernisse von Äxten, erzeugen Töne und vieles mehr. „Die Gedanken sind frei...", die Töne des bekannten Volksliedes erklingen im herrlichen Wald, ausgelöst von eurer Kugel.

Nach der letzten Bahn empfehlen wir eine Rast beim Klettergarten. Mit ein wenig Glück

könnt ihr Kletterer an der Steilwand in Aktion beobachten. Von hier aus geht's den gleichen Weg wieder zurück zum Sängerheim, wo ihr euch stärken könnt.

Ein herrlicher Spaziergang im Remstal und zugleich ein schöner und lehrreicher Ausflug mit viel Spaß für die ganze Familie!

Wer die Kugelbahnen mit einer Wanderung verbinden möchte, wählt den rund sieben Kilometer langen „Stettener Rundweg". Dieser führt von der Ortsmitte in Kernen-Stetten durch Weinberge am historischen Wahrzeichen der Gemeinde, der Yburg, vorbei. Von dort aus geht es weiter den Berg hinauf, vorbei an gigantischen Aussichtspunkten. Auf dem Berg angekommen, erreicht ihr beim Sängerheim die Kugelbahn. Nachdem ihr alle Bahnen absolviert habt, führt euch der Rundweg vorbei am Kletter-Steinbruch durch den Wald zum romantischen Eichensee. Weiter gehts durch Felder und Wiesen. Im Tal erwartet euch ein großer Spielplatz, bevor ihr zurück zum Wanderparkplatz gelangt. Die Murmelbahn ist größtenteils kinderwagentauglich, die letzten vier Stationen sind es leider nicht. Somit ist der Rundweg als ganzer nicht kinderwagentauglich.

Information: Eine Kugel kostet 50 Cent. Bitte 50-Cent-Stücke mitnehmen. Lieber eine mehr kaufen, weil sie an manchen Stellen aus den Bahnen hüpfen können.

Parkplatz: Beim Sängerheim stehen begrenzte Parkplätze zur Verfügung, die in erster Linie den Besuchern des Sängerheims vorbehalten sind. Der offizielle Wanderparkplatz für die Murmelbahn ist der Parkplatz Weinstraße in der Ortsmitte von Kernen-Stetten.

WALDERLEBNISPFAD BÄRENBACHTAL
Wer brummt denn da?

Wer brummt denn da? Ein Bär? Oder war es doch eine Biene? Finde es heraus und besuche den Walderlebnispfad!

3,5 km

Waldparkplatz Hagsteige, Urbach

UrBär

Wechselkleidung mitbringen, toller Grillplatz

in Urbach

Der Walderlebnispfad im Bärenbachtal bei Urbach im schönen Remstal ist einer der abwechslungsreichsten Pfade in der Region. Zehn verschiedene Stationen und fünf spannende Wegelemente verteilen sich auf den circa 3,5 Kilometer langen Rundkurs. Der UrBär führt euch dabei auf einer liegenden Acht durch den Wald. Die Mischung aus Kugelbahnen, Spielstationen und Bewegungselementen motiviert auch kleine Wanderer, die Strecke durch den Wald zu bewerkstelligen. Die Wissensstationen sind sehr schön und informativ aufgebaut. Die Spielstationen sind bewegungsorientiert, kreativ, liebevoll und abwechslungsreich gestaltet. So macht das Lernen Spaß! Für uns die perfekte Mischung aus Information und Spiel. Wisst ihr, wie man das Haus des Bibers nennt? Werft die Kugeln in die Löcher der Infokästen und überprüft, ob ihr richtig liegt.

Ausgangspunkt ist der Wanderparkplatz Hagsteige in Urbach (am Wochenende sehr voll). Von hier aus säumen Kugelbahnen den Weg nach unten, bis ihr eine kleine Schlucht überquert und auf der anderen Seite auf den schönen Ostheimer-Tieren reiten könnt.

Erlebnisstation Eichhörnchen-Kletterspielplatz ▶

Herrlicher Picknickplatz im Wald ▶

Über eine lange Balancierstrecke erreicht ihr die Klangkugelbahn, die den Ruf des Kuckucks nachspielt. Begebt euch nun hinab auf den schmalen Trampelpfad durch den Wald. Da kommt Abenteuer-Feeling auf. Auf dem Weg zurück erfahrt ihr mehr über Bienen und die Entstehung von Waldhonig und helft dabei, Insektenhotels für Wildbienen zu bauen. Bei der nächsten Station könnt ihr euer Biber-Wissen überprüfen und euch selbst im Staudammbau beweisen. Dieses schattige Plätzchen am Bachufer bietet sich perfekt für eine kleine Rast an.

Auf einem Forstweg führt der Waldlehrpfad entlang der Geschichte des Bären aus dem Bärenbachtal wieder den Berg hinauf. Traut ihr euch, in die Bärenhöhle einzutreten? Wer weiß, ob vielleicht der UrBär darin lauert?

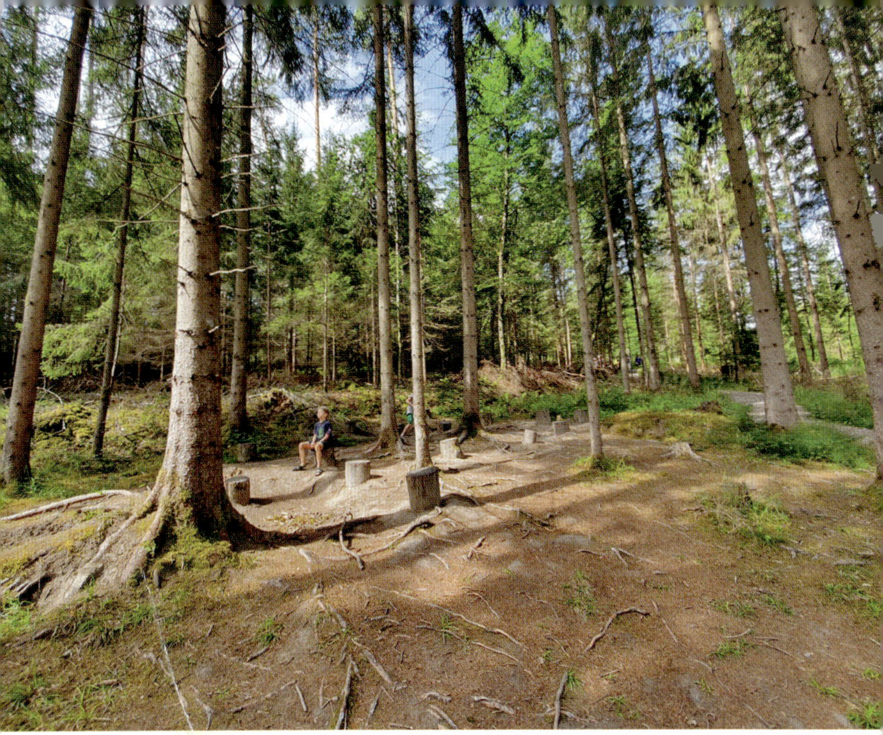

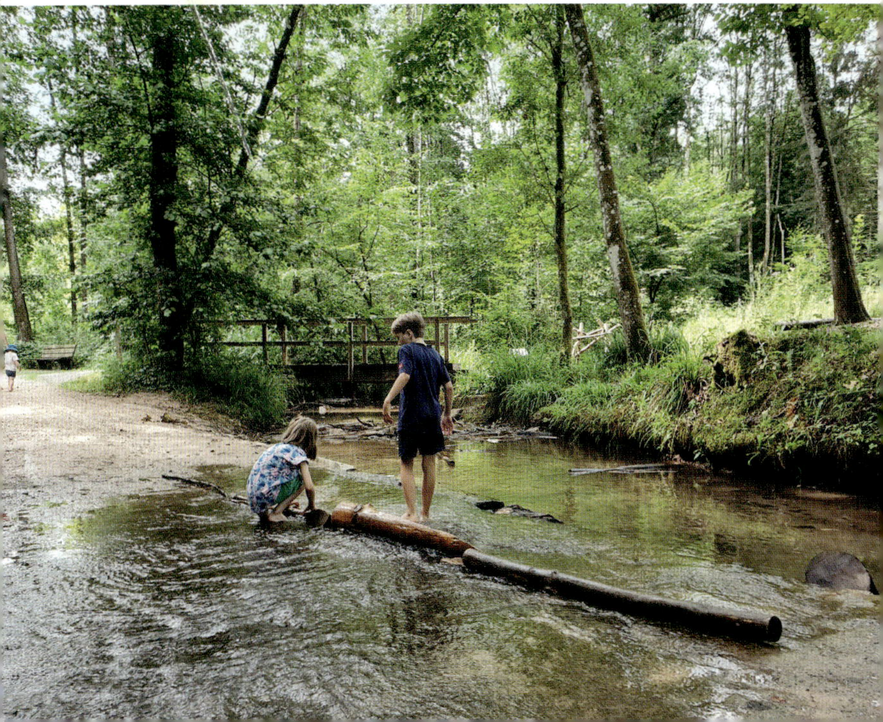

Kurz darauf erreicht ihr erneut die Schlucht, die ihr wieder überquert. Diesmal führt euch der Pfad zum flinken Eichhörnchen-Kletterspielplatz. Hier könnt ihr zeigen, ob ihr genauso flink klettern könnt wie die kleinen Nager. Zum Schluss könnt ihr über den schmalen „Schlängelpfad" zum Ausgangspunkt der Wanderung zurückgelangen. Von hier aus ist es gar nicht weit bis zum wunderbaren Grillplatz mit angrenzendem Waldspielplatz, der sich für einen gemütlichen Ausklang anbietet.

Tipp: Gar nicht weit von hier befindet sich der Badesee in Plüderhausen, der sich für eine Abkühlung eignet. Wer immer noch nicht genug vom Abenteuer hat, macht's wie wir und übernachtet nicht weit von hier im Baumzelt mitten im Wald.

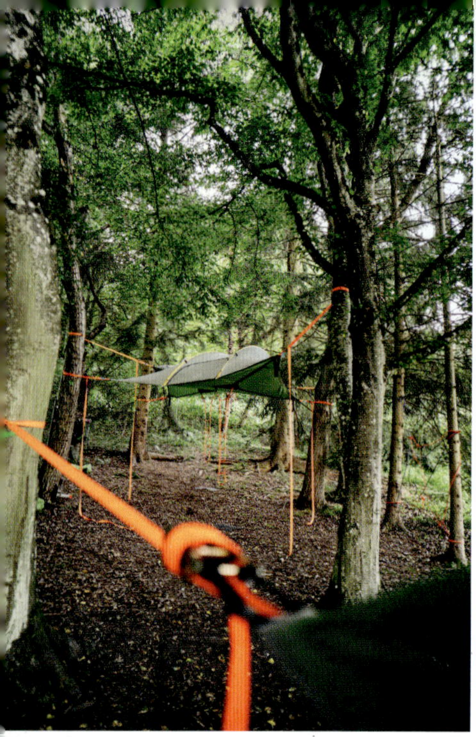

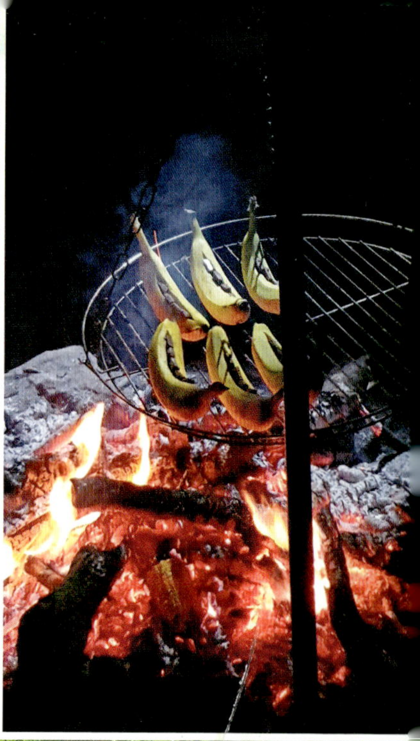

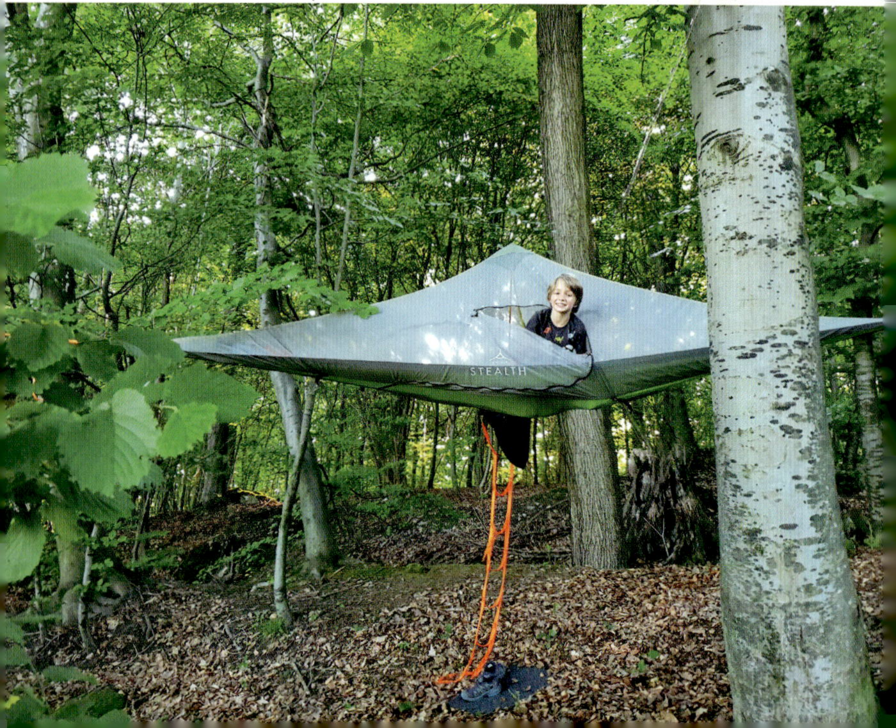
STEALTH

ÜBERNACHTUNG IM WALD

Abenteuer de luxe

Unter fachkundiger Anleitung spannt ihr die Baumzelte zwischen die Bäume. Jede Familie sucht sich ihren Platz und ihre Wunschhöhe selbst aus. Über eine Strickleiter klettert ihr in die schwankenden Zelte hinein, um die optimale Schlafposition für jeden zu finden. Bei entsprechendem Wetter könnt ihr die Zeltplane einfach weglassen und schlaft nur durch ein Moskitonetz geschützt im Wald.
Welchen „Stellplatz" würdet ihr wählen? Apfelbaum? Wald? Neben einer Siebenschläferhöhle? Lieber abseits von den anderen Zelten oder mittendrin? Kinder können zudem in der Hängeschaukel, -matte oder auf den Sesseln chillen oder im Spinnennetz oder auf der kleinen Kletterstrecke umherklettern.

Bevor ihr euch zur Nachtruhe zurückzieht, entzündet ihr gemeinsam ein Lagerfeuer und genießt ein Abendessen unter dem Sternenhimmel. Mit ein wenig Gänsehaut und viel Mut erklimmt ihr nachts die Strickleiter in euer Baumzelt, kuschelt euch in eure Schlafsäcke und betrachtet das Blätterdach oder den Sternenhimmel. Schließt die Augen und lauscht in den Wald hinein. Nachtaktive Tiere wie Igel und Mäuse rascheln und schmatzen im Laub, der Waldkauz und andere Vögel rufen durch die Nacht. Geweckt werdet ihr zur Morgenstunde von Vogelgezwitscher und den Sonnenstrahlen, die euch an den Nasenspitzen kitzeln.

Info: Eine Chemietoilette ist vorhanden, Wasser und Desinfektionsmittel ebenfalls. Denkt an Taschenlampen, Schlafsäcke und Mückenschutz.

Mehr Informationen unter: www.abenteuerreich.de

SCHWÄBISCH GMÜND
Zwischen Himmel und Erde

In Schwäbisch Gmünd wandert ihr auf dem Erlebniswaldpfad NATURA-TUM und entlang der XXL-Wald-Kugelbahn zwischen Himmel und Erde.

3,3 km oder 2,5 km (kurze Runde)

Wanderparkplatz beim Landschaftspark am „Himmelsstürmer" in Wetzgau

Kugelbahn und Naturatum

ÖPNV:
RE nach Aalen bis Schwäbisch Gmünd und in circa 10 Min. zu Fuß zum Grillplatz Taubental im Erdreich

in Wetzgau und Schwäbisch Gmünd

Ausgangspunkt unserer Wanderung ist der Wanderparkplatz beim Landschaftspark am „Himmelsstürmer" in Wetzgau. Im Landschafts- und Familienpark „Himmelsgarten" weiden und jagen große Saurier aus der Urzeit im Dinogarten und begrüßen euch in Schwäbisch Gmünd auf dem ehemaligen Landesgartenschaugelände. Einen phänomenalen Ausblick vom 38 Meter hohen „Himmelsstürmer" (Aussichtsturm) auf den Albtrauf solltet ihr euch nicht entgehen lassen. Auch die riesige Kugelschanze der Kugelbahn begeistert. Wer möchte, planscht bereits jetzt eine Runde auf dem großzügigen und vielseitigen Wasserspielplatz mit Floßbecken.

Nicht weit vom traumhaften Himmelsgarten entfernt beginnt die Rundwanderung. Die 550 Meter lange Kugelbahn im Erholungswald Taubental macht den Auftakt. Die einzelnen Bahnen sind abwechslungsreich und kreativ gestaltet und verlaufen entlang der Wege. Dabei verschönern Kinderbilder die Konstruktionen und beschreiben, was die kleinen KünstlerInnen am Wald schätzen. Inhaltlich veranschaulichen die Bahnen die vielfältigen Beziehungen zwischen Mensch und Wald, informieren über Pilze, Holz und

Holzsteg parallel der XXL-Kugelbahn ▶

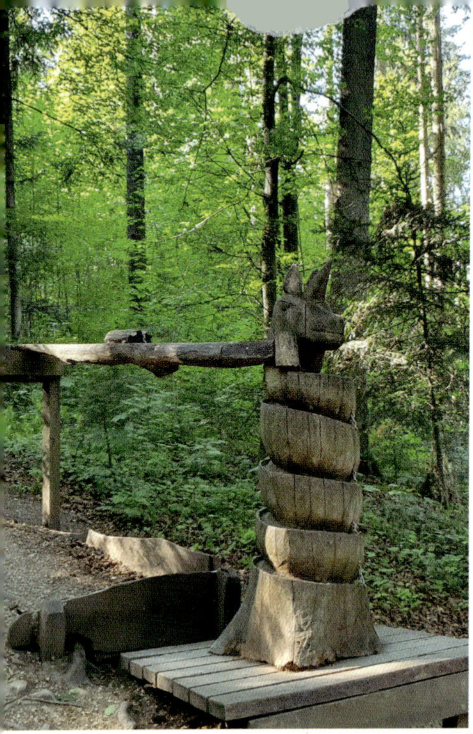
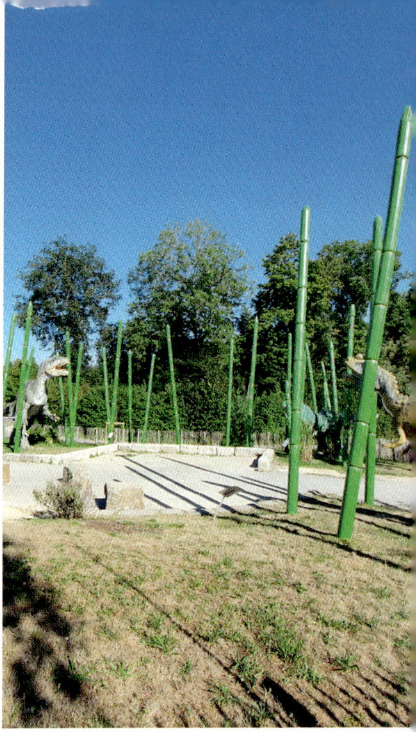
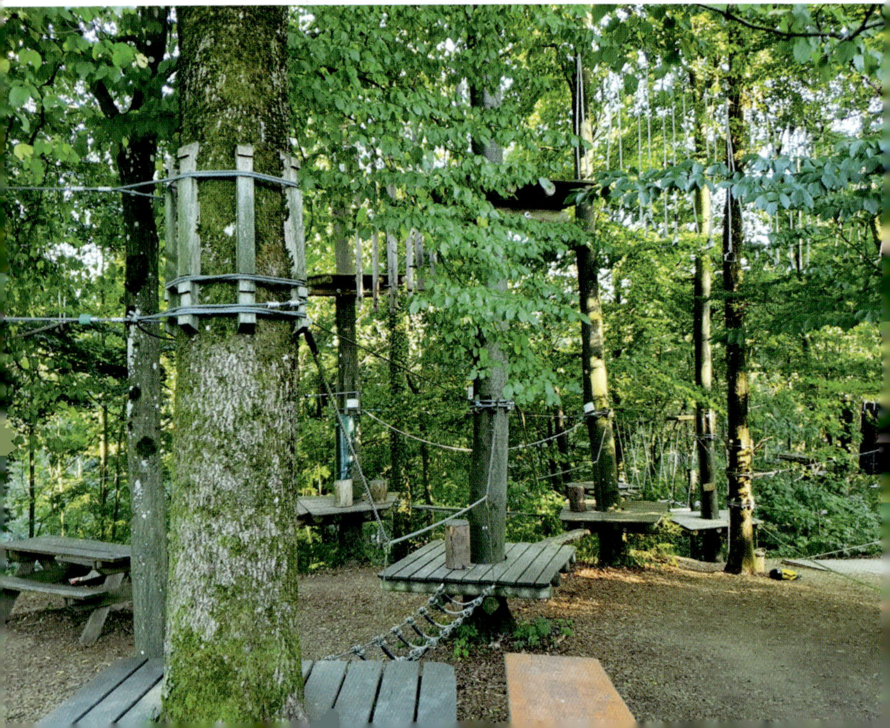

Waldtiere. Holzstege aus Douglasien schlängeln sich parallel dazu durch den Wald hinab. Nach 15 spannenden Stationen geht es ohne Bahnen auf dem ErlebnisWaldpfad NATURATUM weiter durch den Wald. Über die Wasserfallbrücke in die Waldschlucht bis hinab zum Erdreich, wo eine ausladende Grillstelle zum Verweilen einlädt. Von hier aus gelangt man ins Bachbett (Station 21), wo ihr euch abkühlen, spielen und verweilen kann. An den Stationen erfahrt ihr u. a., was sich hinter dem Begriff Bionik verbirgt. Lasst euch überraschen, was sich hinter den Stationen mit den wohlklingenden Namen „Baumkonstruktion", „Waldgestalten" und „Sonnenhunger" verbirgt. Ein Gleichgewichtsparcours und die im Wald verborgene Waldburg Hohenstaufen laden zum Klettern, Spielen und Eintauchen in Phantasiewelten ein.

An insgesamt 33 verschiedenen Stationen werden die Besucher zum Entdecken, Lernen und Spielen im Wald eingeladen.

Auf der Strecke könnt ihr euch entscheiden, ob ihr die kleine Runde mit nur circa 2,5 Kilometer und 50 Höhenmetern einschlagen oder ob ihr die große Runde mit circa 3,3 Kilometer und 200 Höhenmetern wandern möchtet.

Kinderwägen können auf einem Teilstück der Wanderung (Murmelbahn bis hinab zum Tal) gut gefahren werden.

Information: Nehmt 20 Cent für die Kugelautomaten und die Bonbonautomaten mit. Wechselkleidung oder Matschsachen einpacken (Wasserspielplatz und Bachbett).

Tipp: Unmittelbar angrenzend befindet sich der Waldklettergarten „Skypark epia".

WALDERLEBNISPFAD HERRENBACHSTAUSEE
Nostalgie und freche Kobolde

Seerundweg 4 km, vom Kloster aus ca. 8 km

Kloster Adelberg, Kloster 25, Adelberg oder Wanderparkplatz an der Herrenmühle

Walderlebnispfad

Als Winterwanderung mit Weihnachtsbaumkauf verbinden

bei gutem Wetter Sa. und So. die Herrenmühle oder im Klosterhof

Der Walderlebnispfad am Herrenbachstausee hat seine Glanzzeiten hinter sich, doch es tut sich was! Aktuell wird der Pfad rundum erneuert.

Im Schurwald in der Nähe von Adelberg befindet sich im staatlich anerkannten Erholungsort ein Naturidyll. Hier scheint die Zeit stillzustehen. Genau der richtige Ort, um sich vom oft stressigen Alltag zu entschleunigen. Um den verwunschenen Herrenbachstausee führt ein circa drei Kilometer langer, kinderwagenfreundlicher Spazierweg. Ideal für den Sonntagsausflug mit den Großeltern. Auch bei Anglern ist der See sehr beliebt. Aus diesem Grund führen immer wieder schmale Pfade ans Seeufer hinab. Gönnt euch eine kleine Pause am Seeufer und genießt das glitzernde Wasser. Das Baden und der Wassersport oder Eislaufen sind aufgrund der starken Unterströmungen leider verboten. Wenn ihr die Symbole auf dem Wegweiser korrekt einstellt, zeigen sie euch die Richtung.

An verschiedenen Stationen wird euch der Wald nähergebracht. Schaut euch im Wald um und erkennt die einzelnen Bäume. Biegt unbedingt in die verwunschene Koboldklinge ab. Hier fliegen Drachen in der Luft oder schlängeln sich am Boden, und es sitzt ein kleiner Kobold in der Schlucht, der euch schelmisch angrinst. Ob aus diesem kleinen

Kloster Adelberg mit Klosterhof ▶

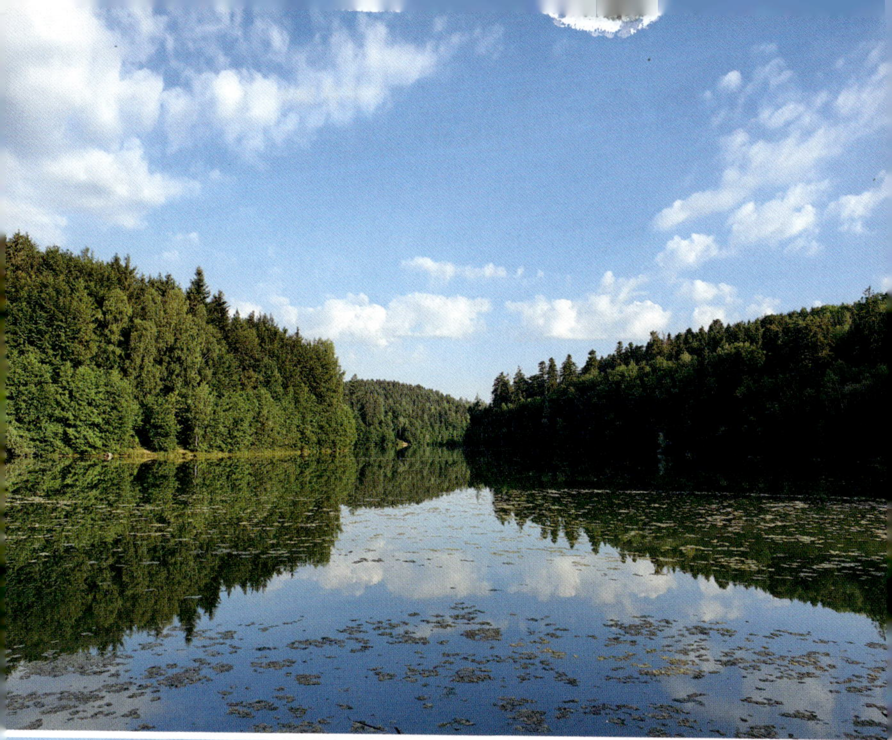

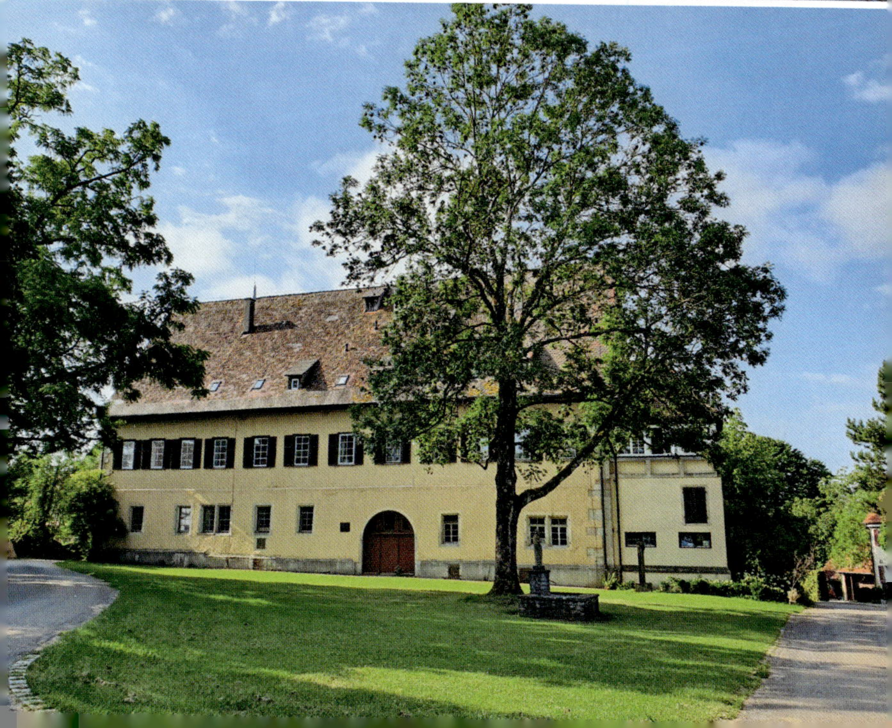

❶ Kloster Adelberg
❷ Herrenmühle
❸ Koboldklinge und Märchenquelle
❹ Barfußpfad

Brunnen im Wald wohl einst das Brüderchen aus dem berühmten Märchen „Brüderchen und Schwesterchen" trank? Über eine kleine Brücke geht es weiter auf dem Rundkurs bis zum Barfußpfad, der so konzipiert ist, dass man ihn mit geschlossenen Augen wandern kann. Ein ganz besonders intensives Gefühl. Folgt dem Weg weiter um den See herum zurück zur idyllischen Mühle. Im Sommer könnt ihr euch im Biergarten stärken. In der Nähe des Wanderparkplatzes kann man sich, natürlich nur im Dezember, seinen Weihnachtsbaum gleich aus dem Wald mitnehmen.

Wer im Sommer den Stausee besucht, dem empfehlen wir die Wanderung durch den Klosterhof des Klosters Adelberg hinunter zum See, einmal drumherum und wieder zurück. Der steile Weg führt euch in circa zehn Minuten hinab zur Staumauer, der kinderwagenfreundliche Weg dauert circa 20 Minuten. Im Klosterhof könnt ihr euch im Biergarten stärken.

Gefährlicher Drache in Koboldklinge ▶

NATURSCHATZKISTE

Adleraugen aufgepasst!

Wer findet zuerst Naturmaterialien für die Schatzkiste? Mit diesem Spiel wird jeder Waldspaziergang zu einem tollen Erlebnis.

Bei der Naturschatzsuche suchen Kinder begeistert die gewünschten Gegenstände und beobachten dabei die Natur detailliert. Obendrein erhaltet ihr so eine schöne Erinnerung an euren Tag im Wald.

MATERIAL:
Eierkarton, 1 Blatt, Stifte, Schere, Kleber

Wer möchte, bastelt sich eine eigene Bingokarte und das funktioniert so:

Schneide das Blatt so zu, dass es in den Deckel des Eierkartons geklebt werden kann.

Teile das Blatt nun in gleich große Kästchen ein und male oder schreibe die Gegenstände hinein, die gesucht werden sollen. Dabei solltest du die Jahreszeit beachten.

Vorschläge: Kastanie, Eichel, Rinde, Steine, Hagebutte, Haselnuss, Moos, Blatt, Sand, Klee, Tannenzapfen, …

Fertig! Viel Spaß bei eurer Schatzsuche!

SINNESWANDEL BAD BOLL

Lasst die Sinne wandeln!

Für anspruchsvolle Familien genau der richtige Weg! Matschig, Abenteuerlich, tolle Stationen und eine gemütliche Grillstelle mit außergewöhnlichem Spielplatz. Ein sinnliches Walderlebnis der besonderen Art erwartet euch auf dem Sinneswandel-Naturpfad in Bad Boll.

 ca. 3 km

 **Bad Boll, Wanderparkplatz P3 Badstraße/Pappelweg „Zum Sinneswandel/ Schützenhaus"**

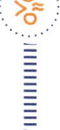 **Sinneswandel**

 **toller Grillplatz mit Spielplatz, Wechselkleidung mitnehmen**

 **in Bad Boll**

Auf unbefestigten Wegen schlängelt sich der circa drei Kilometer lange Erlebnispfad auf einem Rundkurs quer durch den Wald. Dabei geht es steil bergauf und bergab, über Bachläufe, Baumstämme, Wurzeln und durch den Matsch.

An elf abwechslungsreichen Erlebnis-Stationen könnt ihr in den Wald eintauchen und ihn mit allen Sinnen genießen. Ob im Klangwald, im Waldbett, beim Klettern, Balancieren oder im meditativen Labyrinth – hier erlebt ihr die Natur mit allen Sinnen!

Der abwechslungsreiche und abenteuerliche „Sinneswandel" ist hervorragend ausgeschildert, und an fast allen Stationen befinden sich Bänke zum Rasten und Ruhen. Bestaunt alte Baumriesen wie die gigantischen Wellingtonien, die Masernknolleneiche und die wunderbare Eiche im Labyrinth.

Der Wanderweg ist sehr abenteuerlich und auch im Sommer oft matschig und rutschig. Man sollte gut zu Fuß sein und keine Matsch-Allergie haben. Festes Schuhwerk,

Wanderstöcke und Wechselkleidung sind empfehlenswert (auch für die Erwachsenen).

Abenteuer pur! Das ist wirklich ein Erlebnis für die Sinne.

Am Ende des Sinneswandels erwartet euch der weitläufige Spielplatz „Badwäldle" mit Wippe, Wellenrutsche, Kreiselschaukel, Schaukeln, Tunnel, Sandkasten und Tischtennisplatte. Auf der anderen Seite des Weges laden zwei Tore zum Fußballspielen ein. Direkt neben dem Spielplatz befinden sich zwei Grillstellen. Viele Tische und Bänke laden zum Picknicken ein.

Information: Nach Regenfällen und im Winter ist der Pfad sehr matschig und z.T. überflutet. Die Wege sind nicht befestigt. Wir empfehlen diese Wanderung im Sommer.

Tipp: Wechselkleidung für alle mitnehmen, festes Schuhwerk empfehlenswert, Wanderstöcke sinnvoll, Grillgut mitnehmen.

ROTWILDERLEBNIS-PFAD IM SCHÖNBUCH
Wer röhrt denn da?

ca. 3 km

Wanderparkplatz Ranzenpuffer an der L 1208

Rotwilderlebnispfad

Fernglaser mitnehmen

in Tübingen

Diese Rundwanderung verläuft auf breiten, kinderwagen- und rollstuhltauglichen Pfaden im Naturpark Schönbuch. Auf dieser kleinen Wanderung wird es wild, denn es dreht sich alles um das Dam- und Rotwild im Schönbuch. Diese Wanderung führt euch auch über den knapp 1,2 Kilometer langen Rotwilderlebnispfad.

Vom Waldparkplatz aus gelangt ihr auf breiten Forstwegen zum Erlebnispfad. Auf diesem können geländegängige Kinderwägen mitgeführt werden. An acht kindgerechten Stationen wird Wissen über Rotwild vermittelt. Lauscht dem Klang der Waldtiere und testet, ob ihr so weit springen könnt wie eine Maus oder vielleicht doch so weit wie ein Hase oder ein Fuchs? Ist das Reh die Frau vom Hirsch? Nach einem Besuch auf diesem Erlebnispfad wisst ihr es. Hier könnt ihr das Gewicht der einzelnen Tiere miteinander vergleichen und findet die Lösung. Danach verwechselt ihr die Tiere bestimmt nie wieder. An der Station „Tierstimmen im Wald" befinden sich Karten, auf denen ihr euch die einzelnen Stationen abstempeln lassen könnt.

Nicht nur in den Gehegen tummelt sich das Wild, sondern es lebt auch im Schönbuch. In fünf Ruhezonen treffen sie sich die Könige

des Waldes. Um sie nicht zu stören, bleibt bitte auf den Wegen und verhaltet euch ruhig. Die scheuen Waldbewohner lassen sich trotzdem nur manchmal in der Dämmerung blicken. Die Chance, dass ihr eines der Tiere außerhalb des Schaugeheges beobachten könnt, ist eher gering, in der Brunftzeit im Herbst aber am wahrscheinlichsten. Haltet also beim Hin- und Rückweg zum Erlebnispfad eure Augen offen, vielleicht habt ihr ja Glück und entdeckt einen scheuen Waldbewohner.

Tipp: Das Kloster und Schloss Bebenhausen befindet sich in circa vier Kilometer Entfernung. Im alten Zisternerkloster befindet sich zudem das Informationszentrum des Naturpark Schönbuchs.
Übernachtungstipp: Baumhaushotel Weil im Schönbuch, Oase Weil
www.oaseweil.de/baumhaushotel

SCHON GEWUSST?

Rotwild ist die größte wildlebende Säugetierart in unseren Wäldern und zählt ebenfalls zur Hirschfamilie. Das Gewicht der männlichen Hirsche schwankt stark regional. Ausgewachsenen Hirsche können bis 250 kg schwer werden. Sie erkennt man zudem an ihrem stattlichen Geweih, dass die stolzen Tiere jährlich zwischen Februar und April abwerfen. Die weiblichen Tiere nennt man Hirschkuh, die Jungtiere Kälber.
Rehwild gehört ebenfalls zur Familie der Hirsche und ist die bei uns am häufigsten vorkommenden Unterart dieser Tierfamilie. Sie ist die kleinste Hirschart und mit circa 30 kg viel leichter als Rotwild. Rehwild kommt flächendeckend in Baden-Württemberg vor. Die männlichen Tiere heißen Rehbock, die weiblichen Ricke, die Jungen nennt man Rehkitz.
Damwild trägt ein weiß geflecktes Sommerkleid und hat ein Schaufelgeweih. Zudem sind die Tiere leichter als Rotwild und schwerer als Rehwild. Männliche Tiere können ein Gewicht von 120 kg erreichen. Sie werfen ihr Geweih im März/April ab. Weibliche Tiere werden als Damtier bezeichnet.

Ist das Reh die Frau vom Hirsch? Stellt den Gewichtsvergleich an ▶

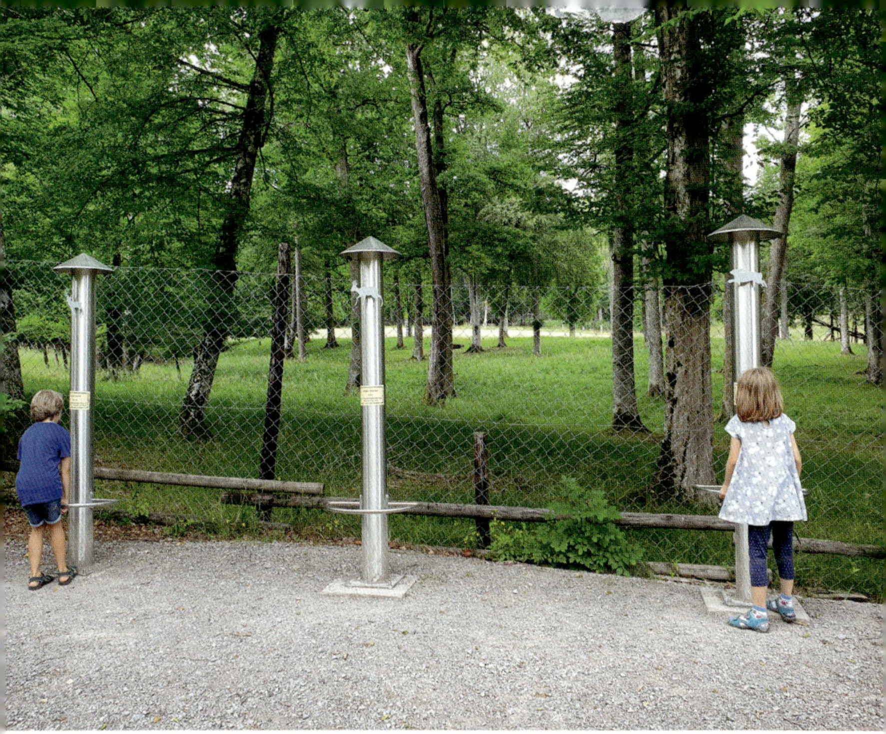

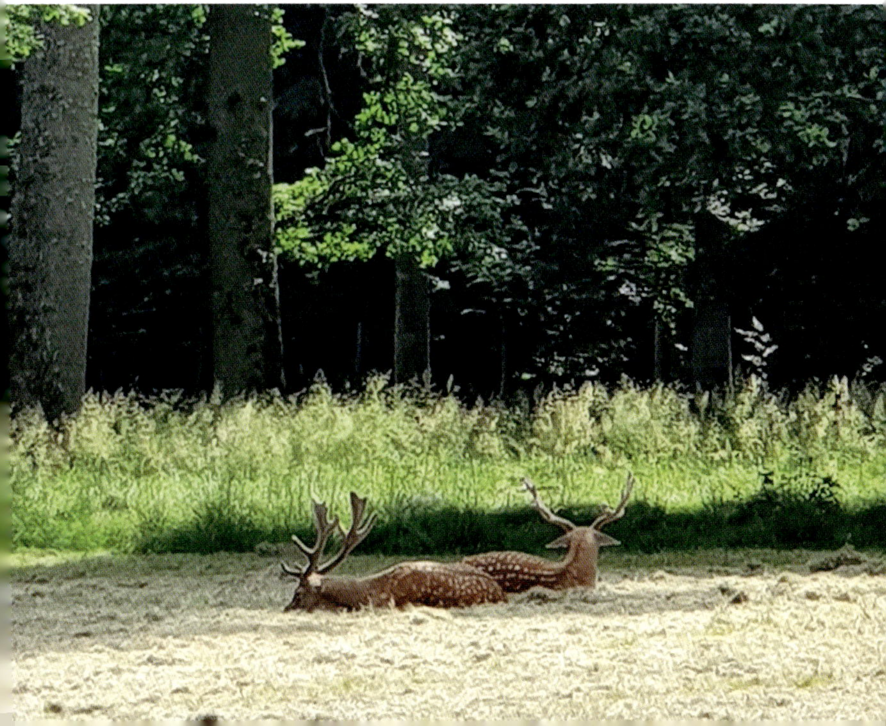

BAUMWIPFELPFAD BAD WILDBAD
Schwarzwalderlebnis intensiv!

ca. 6,5 km

Parkplatz in
Bad Wildbad
(Parkhäuser an
der Seilbahn
ausgeschildert)

Baumwipfelpfad,
Märchenweg

ÖPNV: IC über
Pforzheim von dort
weiter mit der S 6 bis
nach Bad Wildbad
Uhlandplatz, dort
weiter mit der
Sommerbergbahn

auf dem Sommerberg
in der Nähe der Bahn

Auf dieser Rundwanderung durch den berühmt-berüchtigten Schwarzwald begegnet ihr den Baumwipfeln auf Augenhöhe, tobt auf einem genialen Waldspielplatz und folgt einem Märchen über den Wipfeln der Bäume. Erfrischen könnt ihr euch danach im Waldbadezimmer.

Diese Erlebniswanderung startet in Bad Wildbad bei der höchsten Standseilbahn Baden-Württembergs: der Sommerbergbahn. Mit dieser geht es in den Panoramawägen spektakulär hinauf auf den Sommerberg. Von der Haltestelle erreicht man in wenigen hundert Metern den Eingang zum Baumwipfelpfad.

In bis zu 20 Meter Höhe schlängelt sich der barrierefreie Pfad durch den wundervollen Schwarzwald, dabei gilt es zahlreiche Hindernisse, Erlebnisse und Lernstationen zu bewältigen. Alle Hindernisse und Kletterstationen können mit dem Kinderwagen umfahren werden. Was zunächst harmlos aussieht, entwickelt sich schnell zum Abenteuer in luftiger Höhe. Schwindelfrei solltet ihr unbedingt sein, denn gleich begegnet ihr den Baumwipfeln auf Augenhöhe. Immer gut abgesichert wandert und klettert ihr über dem Abgrund und bewältigt so manch spektakuläre Erlebnisstation, wie z. B. eine Freitreppe, einen Balancierbalken und eine

40 Meter hoher Aussichtsturm mit rasanter Rutsche ▶

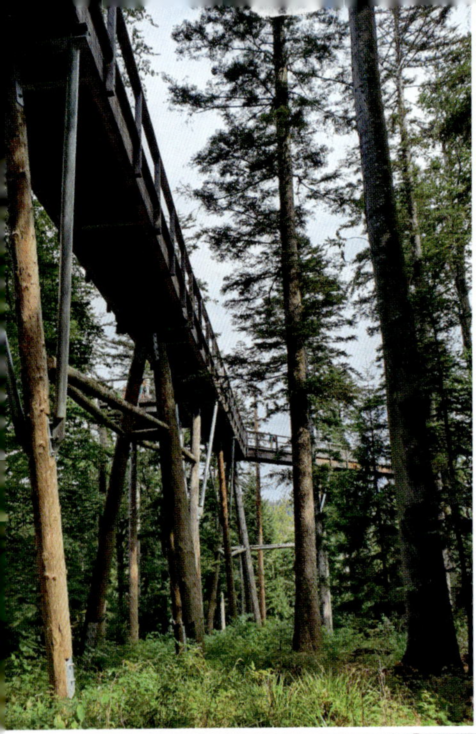

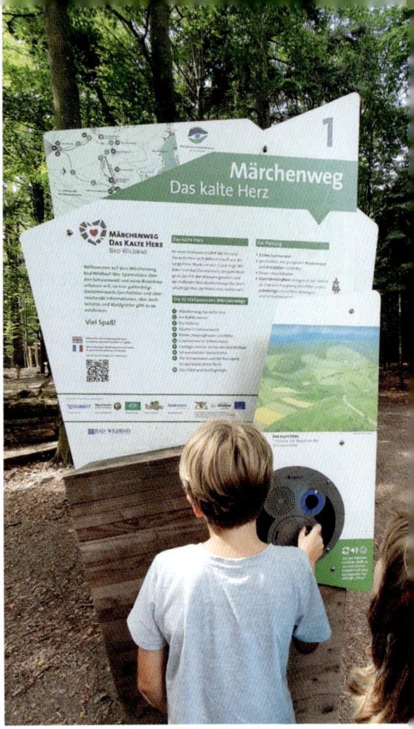

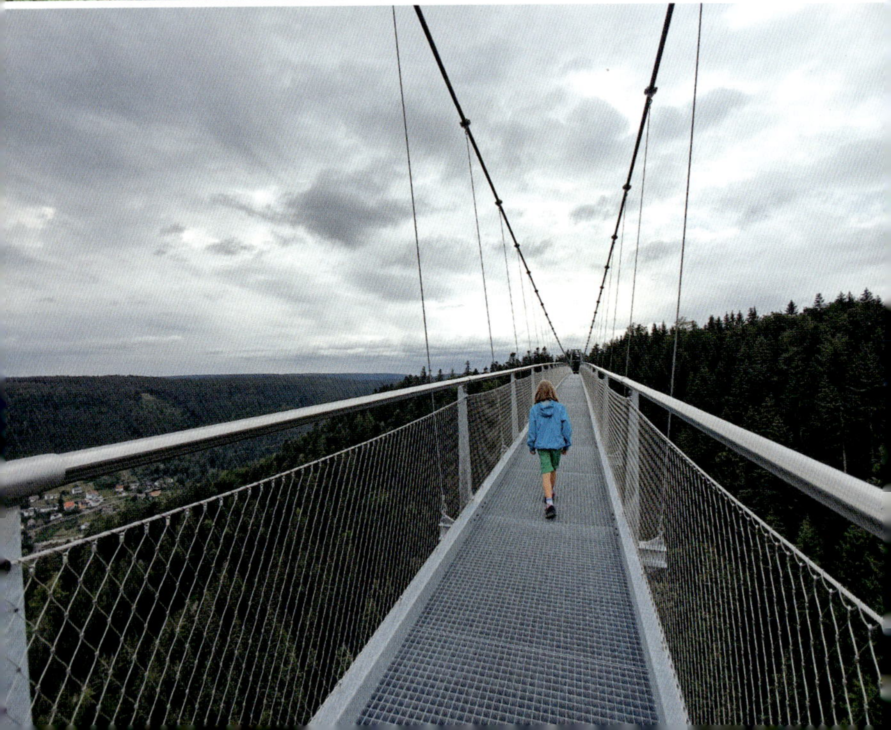

◀ Märchenweg „Das kalte Herz"

Hängebrücke. Auf anschaulichen Informationstafeln entlang des Pfads werden Themen des Lebens im Schwarzwald aufgegriffen und für die großen und kleinen Besucher lebendig gemacht. Als Highlight erwartet euch am Ende des circa 1250 Meter langen Pfads, der spiralförmige 40 Meter hohe Aussichtsturm. Von diesem aus habt ihr einen einmaligen Ausblick über den Naturpark Schwarzwald in seiner Schönheit. Bei gutem Wetter kann man bis zum Stuttgarter Fernsehturm und zur Schwäbischen Alb schauen. Festhalten, bitte! Furchtlose Kinder ab sechs Jahren und Erwachsene dürfen die rasante 55 Meter lange Tunnelrutsche von der Mittelstation des Turmes gegen Aufpreis in den Wald hinab rutschen.

Wer möchte, beantwortet im Rahmen der lehrreichen Comic Rallye, die sich über den gesamten Pfad erstreckt, Fragen zur Natur und wird am Ende mit einem kleinen Preis belohnt.

Am Fuße des Baumwipfelpfads befindet sich der Abenteuerwald Sommerberg, ein riesiger Waldspielplatz, auf dem ihr euch nochmal so richtig austoben und stärken könnt. Besonders toll sind die Seilbahnen, bei denen ihr um die Wette rasen könnt, und das riesige Trampolin.

Wer nicht genug frische Schwarzwald-Luft und Wald-Atmosphäre bekommen kann, wandert auf dem Märchenweg „Das kalte Herz" weiter. Auf dem circa 3,2 Kilometer langen Rundweg könnt ihr durch Drehen der Kurbeln an je neun Stationen ein Stückchen des Märchens von Wilhelm Hauff anhören. Ein wahrer Schwarzwaldklassiker um die Themen Verstand, Habgier und Liebe. Gleichzeitig werdet ihr alte Traditionsberufe im Schwarzwald wie die Flößer, die Glaser und die Kohler kennenlernen. Lasst euch gleich zu Beginn des Weges von den Steinskulpturen beeindrucken, die im Wald emporragen, und baut selbst eine. Doch das ist längst nicht alles. Die Adrenalin-Fans unter euch entscheiden sich zwischen Station vier und fünf für die spektakuläre Überquerung über die Hängeseilbrücke „Wildline". Die gigantische Hängebrücke hat eine Spannweite von 380 Metern und eine Höhe von bis zu 60 Metern. So sieht der Wald von ganz oben aus. Schwindelfrei solltet ihr unbedingt sein, da die Brücke schwankt und ihr durch das Lochblech am Boden Höhenfeeling pur tankt. Nach der spektakulären Talüberquerung lauscht ihr weiter dem Märchen und könnt nebenbei an atemberaubenden Plätzen rasten, den Gleitschirmfliegern zuschauen, euch im Waldbadezimmer erfrischen und gespannt sein, wie das Märchen endet. Ob das Gute wohl siegen wird? Findet es heraus.
Ein herrlicher Waldgrillplatz lädt unterwegs zu einer Rast ein. Wer nicht grillen möchte, findet am Sommerberg viele verschiedene gastronomische Einrichtungen.

Tipp: Wer nicht alles an einem Tag erleben und noch mehr Schwarzwald genießen möchte, dem empfehlen wir eine Nacht im Fass auf dem 5-Sterne-Familiencampingplatz Kleinenzhof im Schwarzwald. (Circa 15 Minuten mit dem Auto vom Sommerberg entfernt.) Auf diesem Campingplatz findet ihr alles, was kleine Herzen höherschlagen lässt: ein Hallenbad, ein Freibad, eine Turnhalle, ein phänomenaler Mühlenwasserspielplatz, ein Kletterspielplatz, ein Bach, ein Streichelzoo und ein Wildgehege. Das Wildgehege reicht direkt bis zur Zeltwiese mit Schlaffässern, und mit ein wenig Glück weckt euch Benni Hirsch.

Information: Die Sommerbergbahn, der Baumwipfelpfad, der Abenteuerwald Sommerwald und die Wildline sind gebührenpflichtig.

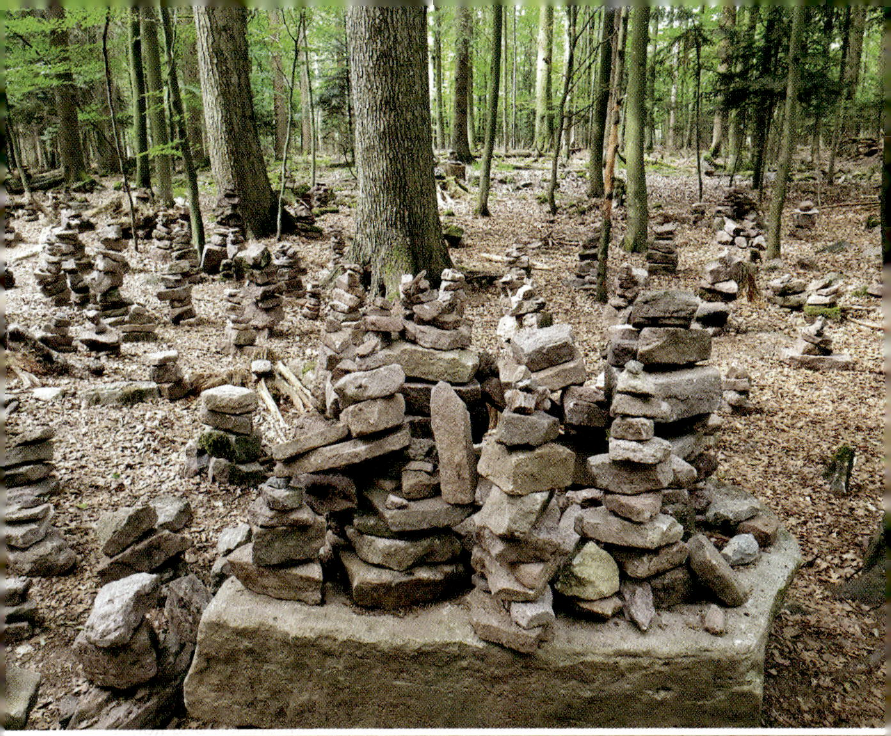

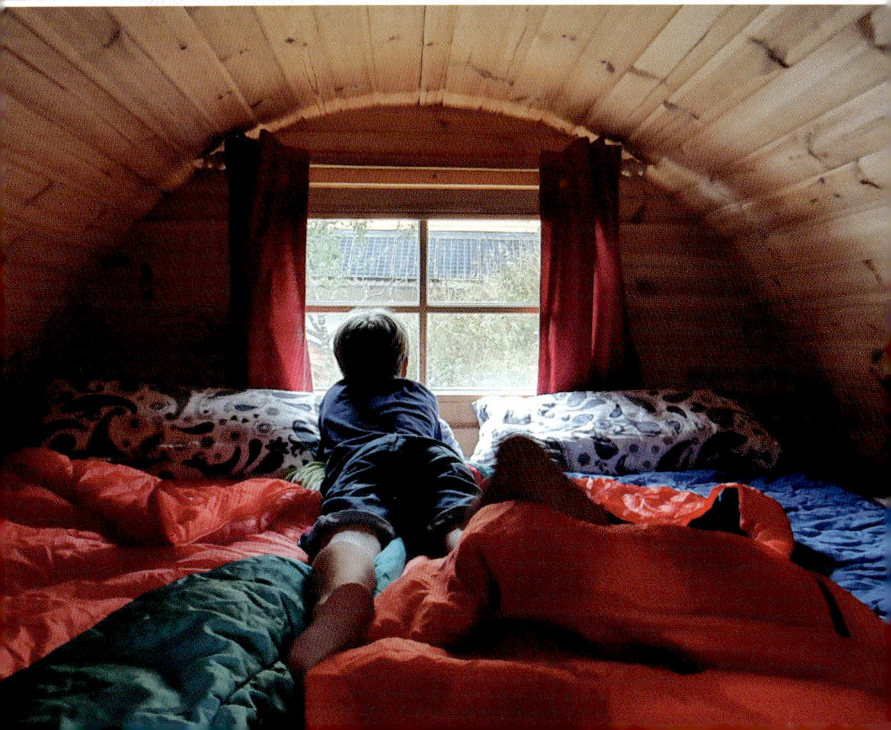

TIPPS FÜRS WANDERN MIT KINDERN
und gegen schwere Füße, Langeweile und Nörgeleien

„Wann sind wir endlich da?" Diese Nörgeleien waren gestern! Jetzt ist Zeit für spannende Erlebnis-Wanderungen und wahre Abenteuer für die ganze Familie! Damit eure Familienwanderung ein Highlight wird, solltet ihr unbedingt eine spannende und abenteuerliche Strecke auswählen.

Hier noch zehn Tipps für Motivation und gute Laune:

1 **Plant** eure Strecke **gemeinsam**! Denn wer die Wanderroute mit planen, die Karte tragen, nach Wegzeichen Ausschau halten oder ein Stück führen darf, ist motivierter, als diejenigen, die einfach nur hinterhertrotten müssen. Auch das Tragen eines eigenen Rucksackes mit Trinkflasche, Vesper, Fernglas und Becherlupe steigert die Motivation.

2 Denkt an ausreichend **Verpflegung**, denn nichts ist anstrengender als hungrige Wanderer!
Auf unseren Wanderrouten findet ihr Einkehrmöglichkeiten oder Grillstellen. Plant vorher ein, ob und wo ihr essen möchtet und bringt die nötigen Utensilien mit (auf S. 101 und 83 zeigen wir, wie ihr ein Lagerfeuer entfacht und ein knuspriges Stockbrot zubereitet).

3 Wichtige **Ausstattung**: feste Wanderschuhe, Wanderrucksäcke, Schnitzmesser, Kleidung im Zwiebellook, Wechselkleidung, Handtuch, Erste-Hilfe-Täschchen, ausreichend Essen und Trinken und Sonnenschutz. Es gibt Menschen, die ziehen Zecken, Stechmücken und andere lästige Insekten magisch an. Lange Kleidung und Hose in den Socken hilft, Stichen vorzubeugen. Wenn ihr doch gestochen werdet, hilft Spucke oder zerriebener Spitzwegerich. Zecken sollten schnellstmöglich entfernt werden.

4 **Wettercheck**: Prüft, wie das Wetter gemeldet ist, und zieht entsprechende Kleidung an, am besten im Zwiebellook. Wechselkleidung und eine Regenjacke empfehlen wir immer!

5 Am Wegesrand gibt es viel zu entdecken und zu erleben, nehmt euch die **Zeit**, die Wunder der Natur zu erfahren. Ihr werdet überrascht sein, was ihr alles entdeckt und welche tollen Spielideen die Kinder entwickeln. Becherlupen, Taschenlampen und Waldschatzkisten lenken den Fokus zudem gezielt auf die kleinen Wunder der Natur.

6 Beim **Spielen** verfliegt die Zeit wie im Flug. Unsere Spielideen: Neben den Spieleklassikern „Ich sehe was, was du nicht siehst", „Ich kenne ein Tier", „Ein Hut, ein Stock, ein Regenschirm", kann man sich mit gemeinsamem Singen die Zeit vertreiben.
Bastelt Dinge in der Natur: legt Waldmandalas, schnitzt euch ein Boot (S. 21) oder sammelt die schönsten Wanderstöcke ein. Die Naturschatzkiste (S. 126) ist eine tolle Möglichkeit, Dinge im Wald zu beobachten, entdecken und zu sammeln und obendrein ein tolles Andenken an den Tag im Wald zu haben.

7 Plant **Pausen** ein! Ein Picknick an einem außergewöhnlichen Ort oder ein toller Spielplatz erhöhen die Motivation, danach weiter zu wandern, enorm.

8 Zeit für verrückte und **unvergessliche Dinge**: Wie wär´s mit einer Dusche im Wasserfall (S. 62), mit einer Schlitterpartie im Matsch, mit Barfußwandern im eiskalten Wasser (S. 17, S. 40)?

9 **Haltet eure Erlebnisse fest**. Fotos, Bilder oder Schätze sind wertvolle Erinnerungen, die euch immer wieder an eurer Erlebnis erinnern. Auf Seite 142 erhalten die kleinen Abenteurer ein Diplom, auf dem ihr eure schönsten Erinnerungen festhalten könnt.

10 **Gemeinsam mit Freunden** macht jede Wanderung gleich nochmal so viel Spaß!

ABENTEURER-DIPLOM

Für:

_____

Unsere Wanderungen:

_____ _____ _____

_____ _____ _____

_____ _____ _____

Unser schönstes Erlebnis:

_____

Die aufregendste Wanderung:

_____

Die tollste Aktivität:

_____

Das haben wir vorher noch nie gemacht:

_____

Das haben wir vorher noch nie gesehen:

_____

Am glücklichsten war ich, als ….

_____

Das habt ihr ganz fantastisch gemacht! Danke, dass ihr mit uns gewandert seid.

BILD- UND KARTENNACHWEIS

Alle Fotografien stammen von Susanne Zabel-Lehrkamp; außer: Abenteuerreich/F. Gerlach S. 116 o. l.,
Jan Körner S. 59 u., Arvid Lehrkamp S. 10 und S. 67, Bernhard Walter S. 73
Mit 10 Fotos von Frank Hecker in der hinteren Innenklappe.

Coverbild: Hörschbachschlucht © Susanne Zabel-Lehrkamp

© Kartengrundlage Tourenkarten: GeoCenter Touristik Medienservice GmbH, Filderstadt
Kartenbearbeitung: KOSMOS Kartografie, Stuttgart
© Karte vordere Innenklappe: KOSMOS Kartografie, Stuttgart

Der Verlag hat sich um die Beachtung der gesetzlichen Vorschriften bezüglich des Copyrights
bemüht. Wer darüber hinaus noch annimmt, Ansprüche geltend machen zu können, wird gebeten,
sich an den Verlag zu wenden.

IMPRESSUM

Bibliografische Informationen der Deutschen Nationalbibliothek.
Die Deutsche Nationalbibliothek verzeichnet diese Publikation in der Deutschen Nationalbibliogra-
fie; detaillierte bibliografische Daten sind im Internet über http://www.dnb.ddb.de abrufbar.

© 2021 by Chr. Belser Gesellschaft für Verlagsgeschäfte GmbH & Co. KG,
Pfizerstraße 5-7, 70184 Stuttgart
Alle Rechte vorbehalten.

Redaktion: Lea Both, Dirk Zimmermann
Korrektorat: Sabine Besenfelder
Umschlaggestaltung: Studio Gramisci, München
Layout und Satz: Johanna Urban, Freiburg
Reproduktionen: Heartwork Media, Frank Kreyssig, Germering
Gesamtherstellung: Printer Trento S.r.l., Italien

ISBN 978-3-7630-2868-9

MIX
Papier aus verantwor-
tungsvollen Quellen
FSC® C015829
FSC
www.fsc.org

ENTSCHLEUNIGEN UND KRAFT TANKEN IM ALLTAG

160 Seiten, €/D 16,–

Beim Wandern die Spuren vergangener Zeiten entdecken – wo wäre das schöner als auf der Schwäbischen Alb! Vorbei an Felsenriffen eines tropischen Meeres, an Vulkanen und Meteoriteneinschlägen, an den Werkstätten der Eiszeitjäger und hinauf zu Burgruinen in bester Aussichtslage. Mit diesem Wanderführer lässt sich die Landschaft lesen wie ein Buch und enthüllt mit jedem Schritt überraschende und fesselnde Geschichten.